新时代教育高质量发展书系

XINSHIDAIJIAOYUGAOZHILIANGFAZHANSHUXI

语言的力量

优秀班主任必备的谈话技巧

李　唯◎著

中国大百科全书出版社　知识出版社

图书在版编目（CIP）数据

语言的力量：优秀班主任必备的谈话技巧 / 李唯著.
-- 北京：知识出版社，2021.2
（新时代教育高质量发展书系）
ISBN 978-7-5215-0307-4

Ⅰ. ①语… Ⅱ. ①李… Ⅲ. ①班主任工作—语言艺术
—研究 Ⅳ. ①G451.6

中国版本图书馆CIP数据核字(2021)第018698号

语言的力量：优秀班主任必备的谈话技巧　　李　唯　著

出 版 人	姜钦云
出版统筹	张京涛
产品经理	王云霞
责任编辑	王云霞
特约编辑	曾旭明
装帧设计	李　谈
出版发行	知识出版社
地　　址	北京市西城区阜成门北大街 17 号
邮　　编	100037
电　　话	010-88390659
印　　刷	北京一鑫印务有限责任公司
开　　本	710mm×1000mm 1/16
印　　张	15
字　　数	181 千字
版　　次	2021 年 2 月第 1 版
印　　次	2023 年 3 月第 3 次印刷
书　　号	ISBN 978-7-5215-0307-4

定　　价　　40.00 元

序

　　教育是关乎千家万户的事业，任何一个社会，都需要教育思想的引领。时代在变，教育也在变。然而，变中也有"不变"，所以，我们要对教育进行哲学的思考，只有搞清楚了哪些需要变，哪些不能变，才能真正做好教育。而教育的本质是什么，什么是好的教育，理想的教育是什么样的，这些最基本的教育问题应是教育哲学思考的源头。只有弄清楚这些最基本的问题，我们才能找到正确的方向，办出有质量的教育。

　　教育是培养人的事业，是一个通过培养人让人类不断走向崇高、生活更加美好的事业。因此，教育最重要的任务是塑造美好的人性，培养美好的人格，使学生拥有美好的人生。如何达成这样的目标？那就需要一批有理想、有情怀、有追求、有实干精神的校长和教师，用自己的青春和智慧去践行。而在现实中，也确实有这样一群人，他们热爱教育事业，关爱每一个学生，一步一个脚印，用脚去丈量教育，用心去感受教育，用智慧去点亮教育。

　　如何将这样一群人聚在一起，用他们的智慧去影响更多的教师？

　　中国大百科全书出版社、知识出版社策划出版了"新时代教育高质量发展书系"，进行了可贵的探索。他们在全国范围内汇聚了60名优秀的教育工作者，这些教育工作者大多是扎根教育一线的优秀校长和教师。书中的经验、实践、体会和思想，既有教学的艺术，也有管理的智慧；既有育人的技巧，也有师德的弘扬；既有教师的发展思考，也有校长的成长感悟；既有师生关系的融通之术，也有家校关系的弥合之道。60本书，60个点，每一个点都是一门学问，一门艺术。

我今年给"新教育"的同人写过一封新年信，题目是"让教育沐浴人性的光辉"，从三个方面对教师的工作提出了建议。我也把这三条建议送给这套丛书的作者和读者朋友。

一是要善待我们自己。要珍惜时间，张弛有度，让人生丰盈；发现教师职业魅力，做一个善于享受教育生活的人；培养健康的爱好，做一个有生活情趣的人；与学生一起成长，做一个在教育过程中不断进取的人；不断挑战自我的最高峰，做一个创造自己生命传奇的人。

二是要善待学生。要把学生作为一个真正的人看待，让学生能够张扬自己的个性，发挥自己的潜能，成为更好的自己。在我们教室里的学生，首先是活生生的生命。我们应该从生命的角度考虑，如何帮助他成为一个人，一个有理想、有激情、有智慧的人，一个能够适应社会并且受人欢迎的人，一个挖掘自身潜能、张扬不同个性的人。

三是要把教育的温暖传递给社会。许多问题，归根结底是教育的问题。尽管我们任何一个人，作为个体的力量都是有限的，但是，再渺小的个体，也能够温暖身边的人。所以，我们要让所有和我们相遇的人，都能够感受到我们的美好和温暖，这也是让人与人之间，让全社会变得更美好、更温暖的有效方式。

有人性的人是明亮的，有人性的教育是光明的。让教育沐浴人性的光辉，我们的今天将会更加幸福，我们的明天将会更加美好，我们的世界将会因此璀璨。

是以为序。

朱永新

2020 年 5 月 1 日

目　录

第 一 章

班主任谈话要
注意的要点

第一节 掌控好自己的情绪

班主任也是普通人，在日常生活当中有喜怒哀乐，也有悲欢离合。有些班主任往往会把负面情绪带到教学当中来，影响自己的工作，更影响学生的学习。在教学过程中，班主任一定要保持高情商，要想成为高素质的班主任，与学生有高质量的谈话，首先要学会掌控好自己的情绪。

一、真诚相待是谈话的基础

在师生交流的过程中，有学生常常会说："××老师对我很好，我很喜欢他。""×老师所做的一切都是为我好，我愿意听她的话。""×老师理解我，比爸爸妈妈还理解我……"学生感受到了教师的真诚相待，就会真正接纳教师对他们的教育。所以，在与学生谈话时，班主任最基本的态度是诚恳。诚恳的态度，是在友好气氛下进行谈话的基础；相反，如果班主任夸夸其谈，对学生说大话、空话、假话，就会给学生留下华而不实的印象；对学生说话态度过于恭维，又易使学生觉得不真诚。所以，只要班主任把握好与学生说话的度，对学生态度诚恳，一般情况下，学生就不会拒绝与班主任谈话。

（一）诚恳的谈话态度易使师生之间相互信任

相互信任是班主任与学生谈话顺利进行的前提条件。当学生信任班主任时，他们对班主任的内心隔阂会逐渐消失，他们会把班主任看成可以亲近的人。只有达到这种信任平衡，师生之间才能心心相印，无话不谈。班主任要让学生感受到自己在倾听他们的心声。学生若能反映真实情况，诉诸实言，这便是谈话的最大成功。

（二）诚恳的谈话态度也有利于师生间情感的交流

"感人心者，莫先乎情"，班主任只有先动之以情，才能对学生晓之以理，做到和风细雨、情理兼通。班主任应该及时发现学生的优点并表扬，使学生在师生间情感的交流中，感到班主任的关切与爱护。"亲其师"才能"信其道"。班主任与学生谈话，不可忽视情感的作用，因为情感是教育信息通向学生内心世界的"桥梁"。要架设这座"桥梁"，关键要寓理于情。班主任以自己积极的情感体验影响学生，努力创设愉快、宽松的谈话氛围，才能引起肯定性的情绪反应，使学生愉快地、心悦诚服地接受老师的教育。

【案例】

记得有一天下午上第一节课时，我刚走进教室，一个男生就站起来说："老师，我的书包被人拿走了！"我问："什么时候丢失的？"他支支吾吾地说："是打上课铃前几分钟不见的。"此时，我看他满头大汗的样子及很不自然的表情，断定这个贪玩的孩子是因中午在外面玩而忘了带书包，怕挨老师批评，就编了一套假话来搪塞。于是，我就说："你别急，说不定书包在家里等着你呢！快回去看看吧！"这个学生的家就在学校隔壁，不一会儿，他果然背着书包来了，同学们都笑了起来，我也忍俊不禁。

下课后我把他找来，他低着头站在我身边，神情有些紧张。为了消除他的疑惧心理，我用平和的语气微笑着说："你猜猜，我是怎么知道你的书包在家里的。若是猜对了，老师还要表扬你。"他看了看我，又挠了挠后脑勺。"没关系，你只要照实说，一定能猜中。"他见我丝毫没有批评指责的意思，就把事情的经过原原本本地告诉了我。他说："只要爸爸中午不在家，我一吃完饭就会在外面玩。今天玩得特别开心，一时忘了上课的时间。听到学校打预备铃，我赶紧往学校跑，来到教室发现没带书包，怕老师批评，就说书包不见了。"听了他的话，我高兴地说："呀，你说的和我想的完全一样，猜中了！"他乐了，并向我保证以后一定实话实说。

这个案例中，班主任与学生的谈话始终在真诚、融洽、宽松、愉快的气氛中进行。这种谈话方式使学生认识到了自己的错误，而且还主动提出以后决不再犯。人们在感情相融的心境下交谈，易产生求同和包容心理，能增强对对方观点的接受性，减弱排斥性。这个案例可为班主任运用谈话方式对学生进行教育提供一些有益的借鉴。

除了谈话时态度要诚恳外，班主任还要通过其他的方式将自己的真诚传递给与自己谈心的学生。

首先，班主任要能够自我接纳与自信。自我接纳是指有勇气面对自己的内心世界，了解自己内心世界中软弱、阴暗和脆弱的地方。在这个接纳自己的过程中，班主任会对别人的内心世界感同身受，可以体验到每个人都需要得到外界的支持和宽容。这种正视自己内心世界的方法，本身就是不断成长的过程。放下面具，在与学生谈心时越能流露出内心的真实，就越有人情味，越能够对学生产生感染力。自信源自对自己的了解和由此产生的安全感和自在感。当一名班主任在心灵深处感到安全时，就不会构建种种防卫面具来伪装。自然地，他会给学生带来安全的谈心氛围，帮助学生在这种人格力量的感染下接受他的正面影响。

其次，要勇于向学生承认自己也有无知、犯错误、存在偏见的时候。人不可能完美无瑕，因为接受了自己的不完美，也就可以接受学生的错误、无知和不完美。这样的表达可以缩短跟学生之间的谈心距离。

总之，真诚是谈话的前提和基础。班主任在与学生谈话时，只有首先做到态度真诚，才能赢得学生的信任，取得良好的谈话效果。

二、要有亲和力

【案例】

我刚教书的时候，班上有两个女生，一个是班长，一个是学习委员。有一次，她俩提出要去我家玩，我也想趁这个机会和她们交流谈心，于是我告诉她们我的详细住址及怎样乘车，怎么走。星期天，我在家一直等她们。到了下午三点多钟，两个学生满头大汗，满脸通红，十分紧张地进了我家。她们告诉我，她们在我家门口犹豫徘徊了半天，最后才鼓足勇气，下定决心进我家来。

在我们成年人看来十分平常的事，为什么学生，尤其是初中生，却表现得那么紧张和胆怯呢？这反映了学生这一年龄阶段的行为特征，在初一、初二阶段的学生中，表现得特别明显。

我们常常看到有些教师质问学生："你敢扰乱课堂，却不敢提问？"教师也许没有意识到，学生没有撒谎，他确确实实不敢。闹课堂其实是下意识行为，不用动脑筋；而学生来请教问题，提要求，是要经过他的思考的。如果教师天天训他，把他训怕了，他还敢来跟你接触吗？

许多教师，往往在一堂课结束之后，轻描淡写地说一句："有不懂的地方，下了课可以来问我。"这样学生就会来问问题了吗？不一定。教师的轻描淡写，表明自己就是一种应付。学生敏感得很，他们常常从教师的只言片语里揣摩着教师对他们的态度。一个真正希望学生来提问的教师，绝对不会只轻描淡写地说这么一句，而会让提问的学生有一种特别亲切的感觉。

班主任要想和学生深入交流，平时就要主动和学生多接触，建立一种平等的、富有亲和力的师生关系。

【案例】

我在休息时间经常和学生一起打球、玩扑克，如果我输了，我会主动接受处罚。有一次我还当着全校很多师生的面，在操场上拱球——用头把球拱到球篮里。很多教师认为不雅观，很多外班学生在看热闹，可是我照做不误。我们班上的男生个个劲头十足，我们的师生关系十分融洽，我要做什么事情，他们跟着我跑前跑后，别班的同学就做不到。

我们常常看到一些好学生，他们受到教师的重视和青睐，常常拿一些高难度的题目，在教室、走廊向教师请教；教师也很高兴，兴致勃勃地给学生讲解、跟他们讨论，有些后进生畏首畏尾地在旁边听，只是高难度的习题对他们来说是天书。这些后进生平时多被教师批评训斥，对教师是敬而畏之，有了问题也不敢去问，别人问的东西他们又听不懂。心中有疑惑，他们还能找谁呢？

所以，要想让学生跟班主任主动接触，班主任还要做到一点：不要只和少数几个学生亲近。如果那样，少数与你亲近的几个人就会被同学讥笑为"红人"，以后他们在同学中也不会受欢迎。班主任要照顾学生的接受能力，后进生主动向班主任请教问题，说明他们自己也想学习，为什么不满足他们的需求呢？

此外还有很重要的一点：班主任再忙，再没有时间和学生说话，也不要逮着学生问问题的时候，抓住机会批评他，新账老账一起算。相反，班主任还要不着痕迹地真心实意地表扬他一下，这样学生才喜欢跟班主任接触。

总之，做个有亲和力的班主任，给学生以温暖的感受，学生们才乐意和你谈心，与你合作，紧密团结在你的周围。

三、主动走近学生，了解学生

班主任和学生之间的隔阂不可避免。班主任应该主动走近学生，用谈心的方式消除彼此的矛盾，决不能乱摆"师道尊严"的谱，等学生前来"投降"。

【案例】

小宇是我们班的班长，想得多，不是那种一眼就能看透的孩子。对他，我没有办法做到发自内心地喜欢他、欣赏他。

上学期，学校要求选各种奖章的得主。记得选"礼仪章"时，我先提了几个同学的名字，当时小宇就在底下问："老师，是你选还是我们选？"教室里突然就静了下来，我心里有些生气，但还是平静地说："小宇，我只是想说明这几位同学符合'礼仪少年'的标准，但是没有说就定他们。"虽然我当时显得很平静，但我语气中很不友好的味道大家都感觉到了。因为这件事，我们之间产生了一些隔阂。虽然我想尽力喜欢每一名学生，但是很长时间，对小宇，真的是喜欢不起来。

这学期开学，我们重新改选班委，采用竞选的方式。那天竞选时，小宇没有参与。当时，面对不是很热烈的竞选场面，我对学生们说："没有人竞选班长？没有班长怎么行？没有班长，学校分下来的一些工作怎么做？"这时，小宇在下面说："那就不做了！"这话从当时还是班长的小宇的口里说出，就如同大冬天一盆冷水冷不防地浇在我头上。这盆冷水浇得我半天说不出话。

我控制着自己，接着小宇的话对同学们说："小宇说我们不做学校安排的工作了，这行吗？可能吗？我们还是学校的一个集体吗？这话从我们现任班长的口里说出，我感到非常无语。"听了我的这些话，小宇脸上的表情极不自然。

班会结束后，尽管多数班委都被确定下来，但我的心情却很郁闷。我知道这个疙瘩就是因为小宇，他的举动让我很不舒心。就让这个疙瘩这样持续下去，越结越大？不，我要解开这个疙瘩！我把小宇叫出了教室，还没说几句，小宇的眼泪就往下掉。我说："怎么了？有什么事就跟老师说。"小宇还是在流泪，沉默了一会儿，他说："老师，我不想说……"这个"不想说"让我心凉。看来，小宇还是不想对我敞开心扉。

看着流泪的小宇，我决定换一个话题。我轻轻地对小宇说："你的英语这个学期一定要努力，老师很为你的英语着急。老师留的需要背诵的部分，以后你每天都来给老师背（我让组长每天检查学生的背诵情况），好吗？我们一起努力，争取让你的英语在这个学期有起色。"小宇点了点头，又突然说："老师，像刚才班里那样的事，您最好私下里和我说，不要当着班里同学说，行吗？"我说："行！"我明白了，刚才小宇不想说的可能就是这件事！我突然意识到自己的失误。小宇是一个很要面子的学生，我曾几次当着同学们的面，针对他的问题让大家发表意见。况且，我话语中透出了对小宇的不满与愤怒，这也许让他感觉非常难堪，我对自己的不够宽容感到自责。

和小宇谈话之后，想起他溢满泪水的眼眶，我提起笔，决定给他写封信。我要主动走近他，不能让他远离我，我要用我的真诚打动他，我要让小宇感觉到老师对他的关爱与期望。我要让他明白，老师就是他的朋友。第二天，我把信交给了小宇，他没有回信。

下午课余时间，小宇拿着英语书来到我的办公室。他还记着昨天我说的话！他主动来让我检查他的背诵情况了，我心里非常高兴。这是一个好迹象。他感觉到了老师对他的关爱。之后几天，凡是我要求背诵英语对话，小宇都在课间来办公室背给我听。我突然发现，小宇也变得可爱起来。

在班主任和学生之间出现矛盾时，主动来缓解彼此矛盾的应该是班主任。传统的师生关系决定教师处于强势，学生处于弱势，学生是不会主动接近教师来缓和气氛的，那么只有教师主动接近学生了。这需要班主任要有宽容的心态，能包容学生。虽然故事中的师生之间有些隔阂，但当班主任把真诚与关爱给予学生时，他感觉到了这份真诚，那颗远离教师的心也开始向教师靠拢。当班主任改变自己的心态，主动接近学生，尽力发现学生身上的优点，用欣赏的眼光来和学生相处时，就会发现，原来师生间也可以有心与心交流的愉悦。

四、不要被个人的情绪所左右

【案例】

在一场举世瞩目的台球赛事中，上届世界冠军已走到卫冕的门口。他只要把最后那个8号黑球打进球门，凯歌就奏响了。

就在这时，一只苍蝇不知从哪里飞来，落在他握杆的手臂上，让他感到有些痒。前冠军停了下来，苍蝇飞走了。于是，他再次准备全神贯注地击球，这时苍蝇竟又飞落在他紧锁的眉头上。他只好又停下来，不耐烦地去打那只苍蝇。苍蝇又敏捷地脱逃了。他做了一番深呼吸，再次准备击球。天啊！那只苍蝇又回来了，像个幽灵似的落在了8号黑球上。他怒不可遏，拿起球杆对着苍蝇捅去。苍蝇受到惊吓飞走了，可球杆触动了黑球，黑球当然也没有进洞。接下来，轮到对手击球了。对手抓住机会险中求胜，一口气把自己该打的球全打进了，成了新的冠军。

卫冕失败，前冠军恨死了那只苍蝇。可惜的是，他后来患了不治之症，再也没有机会走上赛场。直到临终时，他对那只苍蝇还一直耿耿于怀。

一只苍蝇决定一个冠军的命运，这也许是偶然，但倘若他能控制自己的情绪，心平气和地静待那只苍蝇飞走的话，故事的结局也许不会是这样的。无论在工作中还是在生活中，我们一定要善于控制我们的情绪，让理智主宰情感，就像将军统率军队一样，否则我们永远不会取得出色的成绩。或者做感情的主人，或者做感情的奴隶。受自己的情绪左右的人是不自由的，只有当他成为情绪的主人时才可能获得自由。

做人如此，做班主任如此，和学生谈话时更应如此。

有些班主任不能驾驭自己的情绪，经常因某种牵挂与烦恼而引起情绪上的异常，并且在工作中充分地表露出来。譬如，整天板脸少语，或易怒易冲动，或经常训斥、挖苦、体罚学生等。这些都容易产生教育的负效应，给学生造成精神上的压抑和情绪上的失落，使学生滋生恐惧心理与紧张感，时刻担心老师的情感迁移，怕"晴转多云，阴转风雨"。久而久之，师生之间便会形成一道鸿沟，阻隔师生间正常的情感交流，从而造成教育的失误。

与学生谈心是一项十分细致的工作，班主任若能控制自己的情绪，保持心平气和而非简单粗暴，就会缩短与学生的心理距离。只有这样，学生才乐意与班主任交流，和班主任说心里话。相反，班主任如果对学生简单粗暴，情绪失控，学生就会与之拉开心理距离，甚至对他们关闭心灵之门，无法达到谈心的目的。

【案例】

课上，一个女孩哭叫起来："谁把我的书给撕破了！"

上课的实习老师急忙问道："谁把××的书撕破了？"

连问几声，无人回答。老师生气了："把别人的东西弄坏了，还不肯承认，这是什么行为？赶快自己出来承认。"

全班学生你看看我，我看看你，教室里的气氛顿时紧张起来，就是没人敢承认。老师更火了："你们自己如果不承认，等我查出来，就要加倍处分。你们都没有撕，难道这本书是××自己撕破的吗？"

教室里鸦雀无声，连那个女孩也吓得不敢呜咽了。只听见老师在大声嚷嚷，就是逼问不出撕书的人来。这时班主任知道了这个情况，立即赶到教室，一面暗示老师不要再追问，一面安慰大家不要紧张。她心平气和地说："书本是每个人都应该爱护的，但是今天××的书被人撕破了，这是一件坏事。可是，我们谁不做错事呢？做错了事，只要承认，能认识错误，改正错误，以后不再犯错误，就是好孩子。能大胆地承认错误，就是诚实、勇敢的表现。"

这时教室里的空气开始缓和了。班主任接着以教材中《诚实的孩子》这篇课文为例来引导大家。最后她说："今天，××的书被撕破了，她当然很着急，很心痛，撕书的同学，如果不敢承认错误，他就是欺骗了同学，欺骗了老师，也欺骗了他自己，这就不是诚实勇敢的孩子。再说，有的同学犯了错误，怕老师会处分，那要看他承认错误、改正错误的态度。如果他认识了错误，改正了错误，我们还要表扬他诚实勇敢。"

班主任的话音刚落，有名学生突然举起了手，轻声地说："老师，是我撕的。但是，我不是有意撕破的，我是……"

班主任笑着说："好！××自己承认了。当然不会是有意的。我相信我们班的同学都是懂道理的，绝不会有意弄坏别人的东西。但是，既然把人家的书撕坏了，就应该主动承认，请她原谅，帮她粘好；或请老师帮助处理，就没事了。现在你听了老师的话，明白了这个道理，能在大家面前承认错误，这是很勇敢的行为，值得我们大家学习。"

两位教师，两种态度，两种说法，而效果却截然不同。实习教师情绪不对，话语简单粗暴，造成师生之间严重的情绪对立，学生自然不买账；而班主任则语气温和，态度诚恳，循循善诱，赢得了学生的信赖，化解了矛盾，从而达到了教育的目的。

"人非圣贤，孰能无过。"有情绪是正常的，关键是如何控制它，不要让它随意地破坏教师的形象和工作。

鉴于此，希望所有班主任在工作中借鉴并记住一位戏剧大师的话："当演员来到剧院的时候，他应把个人的一切不快与隐私都留在剧院门外。因为在剧院里，他整个人是属于艺术的。"班主任工作是如此，和学生谈心也是如此。当教师来到学校后，就应抛弃自己的一切不快，在学生面前表现出正常的情绪。因为教师是属于学生的，是属于育人事业的。

五、要能克制自我

作为班主任，我们是否常常不能控制自己的情绪，动辄勃然大怒呢？我们可能会认为发怒是正常的，可我们是否知道，这种情绪完全不起作用？也许，我们会为自己暴躁的脾气辩解："人，总会生气。"或者说："我只有把心里的火发泄出来，才不会憋出病。"

其实，愤怒不能解决任何问题。任何一个心情愉快、工作能力强的人都不会与其为伍。愤怒是一个误区，它就像病毒一样，可以使我们重病缠身，一蹶不振。

生活中，我们确实也常常见到那些不能控制自己脾气的人，他们总是让人觉得难堪、窘迫、尴尬，甚至伤害别人的自尊心、自信心。这样一来，那些长期积累下来的成就，会因为性格问题而毁于一旦。即使身处高位，也能在一夜之间失去许多。

【案例】

老王是一个事业单位的中层干部，工作能力很强，而且做事勤恳，但事业一直迟迟未能再上新台阶，原因就在于他脾气暴躁。他对此也一直无可奈何，一想到自己能力很强而职位一般，就愤愤不平，甚至觉得是奇耻大辱。他也知道，凭自己的能力是可以升迁的。但他那暴躁的脾气令同事和领导无法容忍，无形中阻碍了他的发展。

在一次大会上，老王与一位同事展开了激烈的争论。那位同事口齿伶俐，善于辩论，滔滔不绝，老王几次被驳得无力招架。情急之下，他拿起桌上的茶杯摔在地上道："你是妄口狡辩！"领导与同事都惊愕不已。虽然事后证明老王的观点是正确的，但人们早已记住了他的暴怒，而忘记了他的先见之明。

愤怒有时会让一个人失去理智。感情用事，最终会让人陷于失败之地。作为班主任，我们理应控制好自己的情绪，不让自己成为一头咆哮的狮子。这既是做人、做事，担任职务的需要，也是与学生谈话时的需要。想想看，一个动不动就怒火中烧，声音喊得震天响的班主任，能与学生很好地交流、沟通吗？

所以，学会制怒是班主任的必修课。

【案例】

在我的办公桌玻璃板下，压着一张发黄的条幅，上面用苍劲的字体写着"制怒"二字。这张条幅作为我的座右铭，已伴随我走过了16个春秋。

16年前，我第一次当班主任时，才20岁出头，还是个血气方刚的毛头小伙子。那时，在班级管理中，一遇到不尽如人意的事，我就火冒三丈、大发脾气。每当学生出现违纪现象，我都会不问青红皂白地严厉训斥，又是勒令写检查，又是勒令请家长。结果，学生在我的怒火中饱受"煎熬"：或沉默寡言，对身边的事情兴趣索然；或阳奉阴违，暗中制造麻烦；或干脆采取"以牙还牙"的做法，与我对着干。不到半个学期，我的班级就人心涣散，纪律松弛，几近崩溃。

学校发觉我是一个"霹雳火"式的班主任后，立即安排了一位德高望重、颇有经验的老教师帮助我。这位老教师除了要我多了解学生身心成长规律，多与学生接触和交谈外，还特意给我讲了古人"佩韦佩弦"的故事，并亲自书写了"制怒"的条幅送给我，希望我不妨学学佩韦的西门豹——戒急、戒躁，学会自我克制。

"制怒"二字果然灵验。每当我怒火中烧，要对学生发作时，一瞥见玻璃板下的这两个字，就会想到"韦"的柔韧和弹性，便会逐渐冷静下来。在这位老教师的言传身教下，我开始对琐碎繁杂的班务工作有了耐心，学会了宽容和等待，学会了冷静和理智。怒气渐渐离我而去，微笑和自信在我脸上闪现。随着我的变化，班级也重新恢复了秩序和生机，同学们在宽松和谐、团结向上的环境里健康成长。高二第一学期，我们班被评为学校文明班级。

十几年来，"制怒"二字一次又一次地浇灭了我心头之火，大大减少了我工作中的武断和粗暴，使学生的心灵免去了许多不应有的伤害。制怒，使我的班主任工作日臻完善；制怒，使我逐渐走向成熟。

虽然每个班主任的办公桌上不一定非要有"制怒"二字，但我们要懂得制怒。因为愤怒是一团烈火，如不加以控制，它会熊熊燃烧，吞噬我们的理智与灵魂，使我们神经错乱，一错再错，乃至毁灭。

神经兮兮、容易暴怒其实是一个人弱点的外在体现，它源于内心空虚、盲目自大和自我中心主义。所以，我们要克服愤怒的情绪，把自己从怒火中解脱出来。愤怒没有任何好处，它只会妨碍我们的教育谈话工作。同其他所有的误区一样，愤怒让我们以别人的言行确定自己的情绪，用别人的错误来惩罚我们自己。在这里，错误的也许不是我们，但我们却受到了惩罚，甚至是毁灭。

让我们记住一位哲人的话，不管遇到多么令人难堪的局面，我们也要忍耐；不管遭到什么样的挑衅，我们也要平心静气；不管处于什么样令人厌烦的境地，我们也要心地坦然；不管是面对多么嚣张和恼怒的人，我们也要心平气和……当此之时，我们的自制会使对方陷入窘境、进而改变自己的态度；我们的修养会赢得别人的尊敬，增添个人魅力；我们的平和会使我们思想澄明，做出明智的判断与决策；我们的心无旁骛，会使我们专注于自己的目标，走向成功。

第二节 师生谈话的理想境界——"共情"

班主任不仅要理解学生，还要用学生的视角看世界，同时还要改变居高临下的姿态和传统的说教方式。这样的处事方式才会让学生感到自己被理解、被接纳。融洽的师生之情容易使班主任深入学生的内心世界，了解学生更多的情况。

一、对学生进行教育的基础是理解学生

俗话说，理解万岁。确实，理解是人与人之间最需要的，师生谈心的本质和要求也是理解。尤其在处理敏感的早恋问题时，班主任更需要有一颗理解的心。

一说"早恋"，很多班主任和家长都认为学生早恋是错误的，应当完全禁止，这种认识当然是不对的；而且少年男女之间因交往所形成的亲密关系并非都是"早恋"。班主任和父母却总是以多疑的目光看待少男少女之间的友谊和感情，这种不信任的态度会使孩子感到郁闷。如果再对他们之间的交流横加干涉，则多数情况下，这些学生就会产生抵触情绪。这是一种最坏的结果，而"罪魁祸首"正是关心爱护他们的人。

对少男少女的早恋问题宜导不宜堵。班主任对这些学生要真心实意地疏导、调理，不可简单粗暴地训斥、责惩。不少家长和班主任对学生的早恋常采用搜查、软禁、监视、拦截、限时、放逐、恐吓等做法。这些方法不但不能制止学生的早恋行为，而且还会带来一些副作用。所以，对待男女学生的交往，班主任要积极谈心，耐心引导，帮助学生理性地看待和分析问题。

班主任帮助学生度过青春期，要正视问题，既不视之为"洪水猛兽"，也不漠然处之。有了正确的认识，还要进行有效的疏导：分男女上性教育课，正面提出理智的建议，强调自尊自爱才会成才；除会上讲还要个别谈，鼓励学生面对问题，正确处理。

（一）冷静细心，谨慎从事

青少年喜欢结交异性，这是一种正常现象。在学生和异性同龄人交往时，家长和班主任一定要细心观察，分辨什么属于正常

交往，什么属于不太正常的个别接触，切不可有一点苗头就捕风捉影，大惊小怪，甚至闹得沸沸扬扬。如果处理不当，则反而弄假成真。即使真的发现学生有早恋苗头，也要冷静地进行处理，要和学生进行朋友式的、推心置腹的谈心，帮助他们去分析，切不可采取"生拆"的办法，因为这是无济于事的。

（二）相信学生并耐心等待

青少年的恋爱多数是以失败告终的。在这个过程中，班主任要给学生一段较宽松的时间，允许他们反复思考，并在此期间给学生更多的关心、体贴和照顾，通过谈心引导学生理智地处理闯入自己生活中的各种问题，千万不可操之过急。许多经验表明，只要班主任能拿出足够的耐心来，学生大多愿意接受大人的帮助，理智地处理问题。

（三）帮助学生筑起道德的堤防

班主任要耐心开导，帮助学生认清男女交往的界限，要告诉学生，崇高感情的基础是以伦理道德为基石的，任何不负责任的态度和做法，都是对美好感情的玷污和亵渎。要避免学生在和异性的交往中做出出格或越轨的事情来。

总之，班主任必须对青少年的异性交往有一个正确的认识，从学生身心发展的角度去理解他们正常的心理需要，做到"尊重、理解、关怀、疏导"，并与家长互相配合，加以适当地谈心指导，使他们懂得"自尊、自重"，把握好"自然、适度、理智、自制"的原则，帮助他们顺利度过这一特殊的时期，成为具有健全人格、积极向上的社会主义建设事业的接班人。

二、不要只讲"大道理"

班主任对学生讲"道理"是必要的。但是，重要的是看班主任讲的是什么"道理"，应该怎么讲，学生才听得进。

有的学生会对班主任说："少讲大道理，我不听。"事实也是如此，有的学生一听班主任和家长讲道理，就皱眉头，起反感，甚至对所讲道理观点产生怀疑。其实，问题不在于这些道理本身，而在于如何把道理讲好，讲得入情入理，深入浅出，使学生乐意听，易接受。当代学生思想敏锐，喜欢独立思考，也有很多独立见解，因此，班主任应当研究学生的特点，把道理讲好。

（一）要防止假、大、空

班主任所讲的道理要让学生听、信、服，关键要力戒"假、大、空"。对学生的思想政治教育并不是写严肃的政治报告，或耳提面命式的生硬灌输，班主任不能只做表面文章，搞冷脸训人或形式主义。应当用平等的心态对待学生，用灵活多样的形式和深入浅出的理喻，启发学生教育学生，从理论到行动，从动机到方法，帮助学生辨别是非。这样才能从根本上防止把大道理讲成干巴巴的教条和口号，变成不能解决实际问题的假话、大话、空话，不受学生的欢迎。

比如，在宣传社会主义精神文明时，如果只讲正面典型，回避社会上不正之风，学生就不会完全信服。假如在大力宣传正面典型的基础上，在正确理论的指导下，从调查正反两方面的材料中，引导学生独立思考进而自我分析判断，就能使他们从纷繁的社会现象中，寻找积极向上的因素，看到社会的主流，从而提高认识和觉悟。

（二）要研究学生的思想特点

现在的一些学生初步具有爱思考、不盲从、厌说教、重实际的特点，我们要采用灵活多样、生动活泼、符合学生思想特点的形式给学生讲道理。班主任要想转变学生的思想，就要唤起学生的自觉，变"满堂灌"为启发学生多发言。要善于从学生的讲话中发现其正确性，引导他们克服片面性，逐步提高对大道理的认识。班主任还可以从学生年龄和心理特点出发，寓教育于活动中。如组织学生搞喜闻乐见、生动活泼的专题座谈会、主题班（队）会，以及有关人士的对话会，或组织学生带着问题进行社会调查、访问和实践活动。班主任要用哲学原理，帮助他们把实践中的感性认识上升到理性认识。这样，班主任所讲的道理就容易说到学生的心坎上，使他们心悦诚服。

（三）要理论联系实际

道理是从实际生活中抽象出来的，当反过来用它指导学生的生活时，就应当具体化、形象化、个性化。

唐太宗李世民在自述其如何教子时，有这样一段话：

朕自立太子，遇物则诲之。见其饭，则曰："汝知稼穑之艰难，则常有斯饭矣。"见其乘马，则曰："汝知其劳逸，不竭其力，则常得乘之矣。"见其乘舟，则曰："水可以载舟，亦可以覆舟，民犹水也，君犹舟也。"见其息于木下，则曰："木从绳则正，后（君主）从谏则圣。"

唐太宗抓住身边琐事，通过形象的比喻，引出深刻的道理，形象逼真，生动具体，寓理于事，深入浅出且便于接受，给了我们有益的启示。班主任在给学生讲道理时，也要联系学生的生活和思想，"遇物则诲之"，要用真理、真情、真言、真态，深入浅出地疏导学生的思想，引导他们去思考，去辨析。

如班主任在讲树立"艰苦朴素""艰苦奋斗"的精神时，不能只讲"苦不苦，想想长征两万五；累不累，想想革命老前辈"，也不能片面强调艰苦的生活能磨炼人的意志，似乎越苦越好。要讲清革命前辈如何在艰苦的条件下以顽强的意志战胜困难的精神，从而鼓励学生发扬艰苦奋斗的优良传统；还要联系学生身边的不怕困难、具有顽强毅力的好人好事进行教育，这样才更具有说服力。

（四）要融情于理

道理是讲给人听的，目的是使人提高认识，把积极性调动起来。人都是有感情的，因此，思想教育一定要融情于理，恰当地处理情与理的关系。情感是道理能够发挥作用的基础和前提，师生关系融洽了，班主任讲道理时即使枯燥些，学生也能接受。相反，道理讲得再透彻，学生也可能听不进去。因此，要教育人，先要尊重人、关心人，使学生感到班主任的一片诚心。这样才能达到情通理达、理直情正的境界。

【案例】

徐特立在长沙师范学校当校长时，有一天晚上，几个学生打碎了厨房一篮碗，工友很生气，要求徐校长处罚这几个学生。第二天，徐校长挂了牌，但写的不是处罚学生的公告，而是一首诗："我愿诸生青胜蓝，人力物力莫摧残。昨夜到底何缘事，打碎厨房碗一篮。"由于诗中饱含着徐校长对学生的热情和期望之情，恰当地处理了"理"制约"情""情"服从"理"的辩证关系，所以学生深受教育。他们不仅主动做了检讨，而且进步很快。

总之，学生的道德观念并非一朝一夕形成的，班主任应该多了解学生的思想状况和产生根源，多动脑子想办法，在"爱生"的前提下，理直气壮地、辩证地去讲能使学生信服的"道理"，而非一味地干巴巴地讲"大道理"。

三、从孩子的视角观察世界

与学生谈心需要有个"角度"，即学生的角度。只有站在学生的立场，用学生的视角去看这个世界，才能走进学生的心灵。

班主任似乎都有这样的体验：在自己还是学生时，总觉得教师不可理喻；现在做了教师，又觉得学生是"一届不如一届"。为什么会有这样的想法呢？主要是因为随着年龄的增长，他们离学生的世界越来越远、越来越陌生了。

【案例】

一位正忙于写论文的教授，为了摆脱淘气女儿的纠缠，随手撕碎一张世界地图，对女儿说："只要你能拼起来，我就陪你玩。"教授本以为才上幼儿园的女儿不可能完成这个任务，自己这下可以安心工作了。可不一会儿，女儿就拿着拼好的地图来找爸爸。教授满脸疑惑：怎么会这么快？原来，那幅地图的背面是一幅人像。在我们成人的眼睛里，那是一幅撕碎的世界地图，要拼好它需要一定的世界地理知识。可在孩子的眼里，那仅是一幅人像而已。人像拼好了，地图也就拼好了。问题就这么简单。

【案例】

在一所小学里，午餐刚过，教室里又闹翻了天。"开心果"小Ｃ正在讲台上手舞足蹈，手里拿着个黑板擦，啪的一声往讲台上一拍："各位各位，静一静。拍卖会开始了。"

嘿，别小看了他，这么一吆喝，教室里果然安静了下来，但随后马上又炸开了锅："什么呀？你拍卖什么？"小Ｃ脸一板，眼睛一瞪，干咳了一声："这个嘛……"突然停了。只见他的眼睛马上眯成了一条线，圆圆的脸堆成了一朵花："拍卖——初吻。""哈哈哈哈！"

"我出1分钱！""我出3毛钱！""我出500万！"教室

里又炸开了锅……

这是在五年级（3）班上演的"拍卖初吻"一幕。看到这情形，作为班主任的你会怎么做呢？你可能会想，这帮小家伙简直是无法无天，在教室里这么大吵大闹，还有没有一点点纪律？不行，得好好地批评一顿，这样还像一个班集体吗？批评过后，再好好整顿班级纪律。

你也可能会想，不得了，现在的孩子怎么成这个样子了？小小年纪，一天到晚都想些什么呀？得好好地进行思想教育，找个机会找小 C 好好谈谈，让他意识到问题的严重性，把心思好好放在学习上才对。

于是，你就会采取批评、谈心、说教等教育手段，苦口婆心、言辞切切、语重心长，动之以情、晓之以理、导之以行，再不行，就在班上狠狠训斥一顿，甚至通知家长，也让家长引起重视。这样的教育会使孩子印象深刻，或许他再也不敢如此胡闹了，他会认识到这样的行为是可耻的，是越轨的，他会从此收敛，但在他的心灵上却从此留下一条难以抚平的伤痕。

那你何不把自己也当成一个孩子呢？如果你也是一个学生，你坐在教室里，看到同学在"拍卖初吻"，你一定也笑得前仰后合，你一定也觉得非常有趣，而不会觉得这是多么可耻、多么有伤风化的事。

当我听说了这件事后，我根本不觉得可气，也不觉得震惊，反而觉得这些孩子真是可爱。在活动课上，我开玩笑地问小 C："你怎么想到拍卖初吻的？""好玩啊！"小 C 答得很干脆。"那你的初吻卖给了谁？"小 C 不好意思地挠挠头，旁边的同学都过来凑热闹："哈哈，他的初吻献给了小瑜家那只狮子狗了！"我笑得喘不过气来："真的？哈哈！"小 C 难为情地说："呵呵，她家的狮子狗太可爱了，我就亲了亲它。"

看，孩子只是觉得好玩而已，他们的想法是那么纯真可爱。有时候，我们只是把事情想得太严重。在我们成人眼里，或许那些事不像一个小孩子做的，我们以为他们的思想有问题，以为他们的行为出了格。但是，如果你也以一个孩子的眼光去看待，你就会了解其实他们只是觉得好玩而已。就那么简单！

是的，就那么简单！面对许多问题，我们总习惯于用成人的思维方式去解决。殊不知，孩子自有他们的视角和办法。有时我们看似平常的一件小事，在孩子的眼里却觉得很有意思；有时我们认为很重要的东西，他们却觉得很平常。孩子们更愿意用自己的方式去发现问题、解决问题，虽然这种方式有时并不高明，可能还很幼稚可笑，但重要的是，这是他们"自己的方式"，这是他们人生道路上意义非凡的"小插曲"。

细想一下，在教育教学中，班主任和学生的许多矛盾，往往是因为我们没有从学生的角度出发，固执己见。如果我们能以学生为主体来设计教学形式和方法，课堂上是不是会多一些快乐？如果我们布置的作业能多一些弹性和趣味，学生是不是会更积极一些？如果学生犯错时，我们能更宽容一些，谈心时，能站在他们的立场，师生间的相互理解是不是会更多一些？

作为班主任，如果能放下"师道尊严"的架子，从学生的视角去看世界，也许就能更好地解决教育教学中的一些问题。

走出成人的世界吧！让我们俯下身去，深入学生的世界，真诚地关注和呵护那些年幼而纯洁的心灵。相信这不仅仅是一个简单的位置的变化，还可以让我们看到以前不曾见过的美丽风景。

四、不要把自己的逻辑强加给学生

【案例】

有一个故事，讲述了三个学生不同的成长经历：

一个学生，4岁时才会说话，7岁才会写字。教师对他的评语是："反应迟钝，思维不合逻辑，满脑子不切实际的幻想。"他还经历过退学的挫折。

一个学生，父亲抱怨他是白痴。在大家的眼中，他是毫无前途的学生，考了三次艺术学院都落榜了。他叔叔绝望地说："孺子不可教也！"

一个学生，父亲经常斥责他："你放着正经事不干，整天打猎、捉耗子，将来怎么办？"所有教师和长辈都认为他资质平庸。

这三个孩子分别是阿尔伯特·爱因斯坦、奥古斯特·罗丹和C.R.达尔文。

【案例】

四年级上学期期末的一天，我把批改完的试卷拿到班里，让孩子们分发。发完试卷的时候，小文同学来到我的面前，说："老师，没有我的卷子。"我说："你是不是忘记交了？怎么会没有呢？"他说："老师，我真的交了，我爸爸帮我检查的。"于是我又问其他同学有没有看到他的卷子，也毫无结果。这时我的心里不禁升腾起一种想法：会不会是他没有交卷子，为了躲避我的批评，而用这样的方式去掩盖自己的行为呢？因为他以前经常不及时交卷子，有过类似的说谎行为。想到这里，我便把他叫到教室外谈心，语气有些坚定地对他说："我觉得你没有交卷子。"由此，他更加委屈了，回到座位上，哭了起来。

　　为了不耽误上课时间，我没有再提这件事，开始讲卷子。下课的时候，他又来到我面前，说："老师，我真的交卷子了。"听到这儿，看到他满脸的委屈，我的心里泛起了波澜，开始怀疑自己最初的判断。也许他真的交卷子了，可能因为卷子没有写名字，被其他同学错拿了。所以，我下去走了一圈，领着他挨个看每个人的卷子。

　　这时，他把郑晶莹领的那份卷子拿了过来，说："这是我的。"我把郑晶莹叫过来，仔细询问她，她终于承认那份卷子不是她的，是小文的，因为他俩的字迹很像，所以郑晶莹就冒领了小文的试卷。那一刻，我很惭愧，因为我错怪了小文，让他难过了一堂课。更自责的是，我的做法可能会让其他同学对小文的诚实产生怀疑。所以，我马上把同学们召集在一起，对他们说："刚才是老师错了，我错怪了小文，我为我的行为向小文道歉。但是，也要记住，下次一定要写好名字。"随后我又找了郑晶莹，给她讲了很多道理……

　　这件事情虽然过去很久了，但我内疚的心情却没有消失，小文委屈的表情时常浮现在我的面前。我深深地体会到一个学生被错怪时的内心感受。而所有这一切，都来自我的主观，来自我对事物的习惯性的判断方法。

　　其实，在孩子的内心世界里，有很多他们没有说出口的逻辑，所以我们要打破大人原有的"自信"与"自以为是"，不要把我们的逻辑和思维习惯随意地强加给他们。否则，我们做错的就不仅仅是一件事，破坏的也不仅仅是师生之间的和谐关系，更多的是孩子的自尊，有时甚至会影响他的一生。

　　所以，班主任必须清楚地认识到，每个学生都有一座属于自己的宫殿，我们不能发现它，那是因为还缺少一双智慧的眼睛。

学生在成长、在发展、在进步……不管是给他们上课、谈心还是其他，都请不要用成人的逻辑去评价和判断他们。

五、班主任要全面了解学生的真实情况

与学生谈话前要了解学生的情况。因为只有全面了解学生，我们的谈话工作才能对症下药。但需要指出的是，我们所了解的学生信息必须真实可靠。因为只有真实的信息才是良好谈话的基础，真实的信息才能让谈话更有针对性。

了解学生是师生交流应该达到的目的，师生之间的真情和真诚是交流信息的真实性的体现；但是，与教师交流时，有些学生会有口是心非的情况。这一责任不完全在学生。许多时候，教师，尤其是班主任，不愿听取不同的意见，不尊重学生的意愿，不能站在学生的立场上思考问题，爱用成人的观点评价学生，动辄讽刺挖苦。于是，一些善于察言观色的学生开始用一些漂亮的假话哄骗班主任，一些性格倔强的学生开始产生逆反心理，与班主任对着干也就在所难免了。

获得真实的信息，班主任应该努力做到以下几点：

（一）要尊重学生的意愿

班主任了解学生要从他们的心理特点出发，尊重他们的真实意愿，即便这种意愿与《中学生日常行为规范》《小学生日常行为规范》或传统美德不相符合，但必须深信这种意愿是最真实的，班主任必须认真听，让他们把话说完。真正理智的班主任，应当首先肯定学生说真话是诚实的表现，然后再去研究教育的对策；否则就会弄巧成拙，甚至事与愿违。

【案例】

有一个来自监狱的故事。

犯人自述：小时候的一天，妈妈拿来几个苹果，红红绿绿大小不同，我一眼就看见中间那个又大又红的苹果，心里非常想要。这时，母亲问我和弟弟："你们想要哪个？"我刚想说要那个最大最红的，这时弟弟抢先说出了这话，妈妈非常生气，瞪了他一眼，责备地说："好孩子要学会把好的东西让给别人，不能总想自己。"于是我灵机一动，改口说："妈妈，我想要那个小的，把大的留给弟弟吧。"妈妈听了非常高兴，在我的脸上亲了一下，并把大苹果奖励给我，我得到了我想要的东西。

从此，我学会了说谎，为了得到想要的东西不择手段，又学会打架、偷、抢，直到进了监狱。

许多家长和班主任的出发点是好的，而且煞费苦心，时刻重视对孩子进行道德教育和熏陶。可是，从本案例中，我们不难看出，这种教育已经把孩子引向了反面。其根本原因是家长忽略了孩子的真实意愿，并把这种意愿作为道德问题进行了批评，于是把孩子错误地引到另一个方向：说妈妈爱听的话（假话）可以受到表扬，还可以得到自己想要的东西。这就是道德教育得到了相反结果的原因之一。

（二）要接纳学生的不同意见

真实的德育应以人为本。班主任应以开明的态度和多元的德育观念，允许不同的价值观并存，并提供足够的自由表达与争论的机会，使学生真实地袒露自己的心声，自由地伸张个性。不能压制不同意见，否则会使学生用班主任喜欢听的话来迎合班主任，说真话的会越来越少。值得强调的是，班主任还要善于倾听学生的心声，不要急于用成人的道德判断去评价学生，否则会犯"以小人之心度君子之腹"的错误。

（三）要做学生真诚的朋友

做学生的朋友，学生就能向老师敞开心扉，从而避免说假话的现象。

【案例】

刘春生老师在他的《作业的革命》一文中，说了两件事。

一是一名学生在作业本上留下了用铅笔涂拓硬币的印记，刘老师在作业本上写下这么一段评语："看来你花了许多工夫，很认真。我小时候也这么做过。不同的是，我挨了老师的痛骂……"第二天，学生又把作业本交回来了，在上面写着："哦，是吗？看来你比以前的老师好多了。"

二是一名学生在作业本上画了一幅有池塘、荷叶、荷花和青蛙的画，并向老师叫板："把它画下来。如果不会画，就为它作一首诗吧。"刘老师的诗是这样写的："一叶一蓬一莲花，一池一声一青蛙。一年一季一自在，一唱一和一歌夏。"

在学生的作业本上，老师与学生的一来一往，充分体现了师生之间亲密无间的感情。这让我们体会到了刘老师与学生之间朋友般的关系。要做学生的真实朋友，其基础是要保持一颗童心，关键是要尊重学生人格，而且要坚持用移情换位的方法。只有如此，学生才能与你进行真挚的交流，教师才能享受教师幸福的教育生活。

把学生当成朋友，就应当以平等的态度与学生交流，尊重学生意见，尊重学生人格，善于倾听学生的心声。

总之，只有真实、全面地了解学生，才能为接下来的谈心工作打下良好的基础。

第三节 班主任谈话的原则

班主任对学生的一次成功谈话，相当于教师上了一堂好课。上好谈话这堂课的关键是，班主任要把握好谈话中的原则，比如谈话的对象、时机、情景，同时还要注意谈话过程中的语气、手势和语调，这些都需要班主任进行全方位的考虑。只有注意这些细微处，才能卸下学生的心理防备，拉近师生之间的距离，从而达到预期的目的。

一、找准恰当的谈话时机

时机，是一种短暂性存在的甚至是瞬间存在的一种客观形势，是具有时间性的机会。人的思维、情感的产生和发展受时间、地点和条件的制约。所以，谈话教育要选择合适的时机。说服的成效，往往不取决于讲了多少道理，花了多少时间，而是取决于是否善于捕捉教育的时机，拨动学生的心弦，为他们所信服。

【案例】

有一次，我一进教室，看到地上有一个拖把倒在门前，有几名同学迈过拖把走进了教室，还有几名同学没有进教室。我突然想到，这是进行教育的好时机。

于是，我指着地上的拖把对大家说："刚才进来的同学都没有把倒在地上的拖把扶起来。现在还有三名同学没进来，我们看看他们会不会把拖把扶起来。"经我这么一说，全班同学都瞪大了眼睛等着瞧。第一名同学迈过拖把进来了；第二名同学看了一眼拖把，又无动于衷地坐到座位上去了；第三位一看地上有拖把，就弯下腰去把它扶起来。这时，全班同学对他报以一阵热烈的掌声。

我当场表扬了这名同学，全体同学在没有任何强迫、自然而然的情况下，受到了一次深刻的教育。从此，我们班的好人好事不断增加。

在学生每天的学习生活中，都会有大量的事情发生。班主任如果好好利用其中的一些事，便是非常好的谈话教育的时机。

总的来说，由于学生工作的特殊性，有一些时机是班主任必须特别关注的。班主任的教育相当于外因，外因是通过内因起作用的，这个内因就是学生的思想认识。外因要想起到作用，就必须抓住内因出现变化的机会。当学生的思想一直处在闭合的状态，对外界的作用便不会有什么响应，这时候的谈话教育工作就会很困难，班主任既吃力又没有效果；反之，在学生的思想处于开启状态时，外部的影响很容易产生作用，这就是谈话教育的时机。

当学生换了一个新环境时，是好的谈话教育时机。比如说，学生进入起始年级时，面对的是陌生的教师、陌生的同学、陌生的环境。以初中为例，学生从小学毕业进入中学，从外部环境来说，是全新的，从内心来说，经历着从小学生到中学生的角色转变。这个时候，一些小小的外部力量就可能会对学生产生极大的改变。班主任如果多与学生谈话，善于在起点帮助学生树立远大的志向，狠抓学生的学习习惯，培养学生的兴趣与信心，学生往往会有一个明显的变化，会出现一个质的提升。

每一个新学期的开始也是好的谈话教育的时机。此时的学生总是踌躇满志，经过暑假或寒假的长时间休整，学校生活还需要他们用一周或两周的时间去适应。新学期伊始，班主任第一次走进课堂，通常会有这样的感觉：学生特别专注，教室特别安静。好的班主任是不会放过这一大好时机的。通常每个学期开始的前两周，是师生谈话教育的最佳时期。一两个月之后，学生适应了学校生活，往往又会散漫下来。

当学校、班级里乃至社会上发生突发事件时，也是一个非常好的谈话教育时机。比如，班级里发生不团结的现象，甚至发展到打架的地步，班主任此时因势利导与之谈话，使学生对这个问题有深刻的认识，这样的谈话教育就会更有针对性，也更有实效。这种机会虽然不可预见，但是因为学生在学校里生活，每天都有很多事情发生。班主任只要善于观察，善于分析，总能够利用其中的一些事情作为谈话教育的时机，甚至可以把一些坏事变成好事。

学生个人犯错误、受到挫折或取得成功之时，对他本人来说也是一个很好的谈话教育时机。孩子犯错误时，通常喜欢撒谎，因为他们怕说出实情会受到惩罚。犯了错的学生其心理活动是复杂而剧烈的，常常表现出心事重重的样子，有经验的班主任一眼就能看出来。受到挫折或取得成功时的学生，同样也面临着心理上的巨大波动，这时班主任所进行的谈话给学生的印象将会是十分深刻的。班主任对受到挫折的学生进行鼓励，帮助他分析失败原因，对取得成功的学生进行赞美，并肯定他为取得成功所做的努力，这不仅可以使师生间的感情更加融洽，而且对学生的指导作用也要比平时显著得多。

班主任与学生谈话的最佳时机主要表现在以下三"点"。

（一）兴趣点

兴趣是动机产生的主要原因。学生如果对某种事物或某项活动感兴趣，则必定对其产生积极的态度，其内心活动是相当活跃的，这时最易接受外界的影响。如新的一年、新的学期开始时，学生会有一种新意识、新动力，此时，班主任因势利导地与学生进行必要的谈话，就会产生促使学生奋发向上的激励作用。

（二）荣辱点

英国教育家约翰·洛克说："儿童一旦懂得尊重与羞辱的意义，尊重与羞辱对于人的心理便是一种最有力的刺激。"当学生享受荣誉或感到羞辱的时候，及时谈话可以唤醒深藏在他们内心深处的自尊。如当学生学习进步、取得成绩，或暗下决心"我也要做出成绩"的时候，班主任应及时找他谈话，以肯定其成绩，提出适当的目标要求，使他的热情变成持久的行动。

（三）感情点

学生的感情极为丰富，他们的喜、怒、哀、乐一般都会表现出来。班主任如果能抓住学生的感情点谈话，就会产生明显的"移情效应"。如当学生在生活中受到委屈的时候，班主任主动地以宽容和同情的态度去帮助学生，并做出必要的解释，学生会产生感激之情，这是他们最容易接受告诫的时候。

二、单独谈话要选择适当的场所

班主任需要在具体的场合与学生私下里谈话。交谈场地虽然不涉及谈话的具体内容，却影响语言交谈的外在环境。首先，谈话场合影响学生的心理情绪，对语言交谈有诱发作用和暗示作用。我们常常看到这种现象：一个不善言谈的人，在令他兴奋的场合会侃侃而谈；相反，一个口齿伶俐的人，在特殊的场合中也会默不作声。这充分说明了说话情境以及谈话的背景的影响作用。其次，谈话场合还可以丰富词语意义，使交谈语言含有意外之意。因此，班主任应该选择良好的交谈环境与学生单独谈心。

一般认为办公室是班主任找学生谈话最常用的场所。但是，在目前学校的办公条件下，除了校领导，大部分教师都没有单独的办公室。通常是少则三五人，多则十几人共用一间办公室。在这样的条件下，办公室里常见这样的镜头：有的班主任严厉地让学生反省错误，有的班主任对学生语重心长地谆谆教诲，有的班主任则对学生声嘶力竭地大声训斥……还会出现几个班主任同时找学生谈话的情况。与此相应，有的学生连声检讨，有的学生一言不发，承受能力差的学生则痛哭流涕……

于是，每个班上都会有几个办公室的"常客"，办公室里其他教师常会跟他们开玩笑："哟，你们又来了。"学生中也常常用这样的话来吓人："××同学，老师叫你去办公室。"此言一出，保证让正在兴高采烈的学生顿时傻眼。"老师找你去办公室"也因此成了交代问题或受训斥的代名词。

一些班主任可能以为这很正常，办公室不就是工作的地方吗？为什么不能跟学生谈话？可是，必须想一想，这样的谈话能达到解决问题的目的吗？

其实，办公室很不适合进行师生之间的谈话。一方面，在教师的办公室里会让很多学生感到紧张，一旦犯了错误，学生只想着赶紧坦白完走人，很少会认真倾听班主任的话。这样，尽管班主任苦口婆心，却很难取得教育的效果。以至于班主任认为学生不可救药，学生认为班主任不理解自己。另一方面，办公室里人多口杂，的确不是做学生思想工作的理想场所。学生不会向班主任交心，也没法交心，因为怕心里话被更多人听到，怕被人嘲笑。

有的班主任说，办公条件有限，我们有什么办法？可是，为什么不换一个更合适的环境谈话呢？比如，对爱好体育的学生，可以到操场的跑道上，到篮球架下；对多愁善感的女生，可以在草坪上，花坛边，或者放学的路上，师生边走边聊；甚至，校园的石凳上、小桥旁，都可以是和学生谈话的好地方。在这样的场合里谈话，往往会取得意想不到的良好效果。学生注意力集中，班主任态度和蔼，双方可以完全放松，像朋友一样畅所欲言。润物无声的教育就在这样平等的交流中进行。

【案例】

一次晚自习，因为晚饭的菜不太好，所以上到8点左右，我就与同桌偷偷溜出去吃快餐。虽然我在晚自习结束之前赶回了教室，但班主任还是知道了。

不知怎的，三天过去了，班主任并没有找我谈心，我心中便暗自窃喜。啊！到底是省优秀班主任，可能原谅我们了。谁知到周五晚上时（一般同学都要回家，那天不上课），班主任却发出了邀请，请我和同桌出去散散步。我们欣然答应，只是不知她葫芦里到底在卖什么药。走着走着，班主任带领我们来到了一个地方——哇，这不是我们出去吃饭的那家餐厅吗？

"老师，您是不是走错地方了？"看着我们一脸的迷惑，班主任却笑着说："哦，今天老师发表了一篇文章，拿了不少稿费，想请你们吃饭。"我们心想，今天老师一定要好好训我们一顿了。餐厅里人很多，班主任买了几份套餐，要了几杯饮料，选了一个僻静的地方坐下。我们紧张得很，生怕她……可是她好像全然不知那件事，对此只字不提。班主任与我们闲谈着，还不时地称赞这里的气氛确实不错，她跟我们讲的话题没有涉及那次的"出逃事件"，只是要我们以后遇到学校食堂的菜不好吃的时候，跟生活委员提个建议。

我心里全明白了，班主任是知道那件事的。吃饭是假，要我们遵守校园制度是真。只是在那个地方，我们一下子都明白了，并接受了班主任无声的批评。以后我们再也没有犯过规。倘若遇到不合口味的饭菜，我们会及时到生活委员那里去诉苦，让班主任去反映情况……

案例中学生的讲述让人感动。听完讲述，我们再来读一篇学生作文——《老师，我想对您说……》。

老师，我想对您说，您跟我谈心，能否换个地方。每次您找我去，要么是带着我来到我家里，当着我的父母，把我的不是一一数落，换来的是父母的一顿毒打；或者是在您的办公室里，当着其他老师的面，您把我在课堂里的表现一一列举。这时其他的老师还会时不时插上几句，众目睽睽之下，好像我一无是处，真想挖个地洞钻进去。还有就是在课堂里，当着很多同学的面，跟我细细道来。过后，总是有同学模仿您的样子把我训一下，我的脸面何在？

虽然您每次都叫我坐下来跟您说，您的态度也很温柔，您的心思我也明白，不就是为我好吗？可是，我的心不知被什么割着，痛苦得很。我知道我是个淘气的孩子，您是个好班主任，经常与我们谈心，了解我们的所思、所想、所感。但是，我真的希望您能换个地方，一个让我能静下心来倾听您教诲的地方。这样，或许我的内心会好受些……

看了学生的作文，班主任们一定有许多的感慨，从中也不难看出学生内心所需要的到底是什么。当我们怀着真诚的心与学生交流时，一定是从内心希望学生能改正不足，唤起自信，扬起理想的风帆。所以，换个地方与学生谈心吧，说不定效果就会不一般，不要让不合适的谈话场所削弱了我们的一番好意。

三、营造和谐的谈话氛围

气氛，是指一定环境中给人以某些强烈感觉的精神表现或景象。由外在的环境因素造成的气氛叫环境气氛，由内在的精神因素造成的气氛叫心理气氛。环境气氛和心理气氛，在事物的变化发展过程中都起着重要作用。班主任和学生谈话需要一个和谐的气氛，因为和谐气氛不仅能消除学生因谈话而引起的戒备心理和紧张情绪，还能促使师生之间的感情双向交流。

而在紧张的气氛下，很少学生愿意把真心话向班主任诉说出来，也就谈不上自然交流了。谈话需要一个舒适、轻松且有安全感的环境。只有这样，讲话者才能放松自己，没有顾虑地把内心的想法和烦恼诉说出来。所以，无论是在课堂教学中还是在与学生谈话中，班主任都要注意营造一个良好的谈话氛围。当学生想私下找班主任谈事情的时候，为了让学生毫不遮掩地倾诉衷肠，班主任最好不要在人员繁杂的办公室里与学生谈话，最好选择一个没有干扰的清静环境。

【案例】

学生（诚惶诚恐地走进班主任的办公室、声音很小地）："张老师，我……"

张老师（心里明白这个学生平时表现一向不错，学习也很好，现在一定是碰到什么麻烦了）："小明，你有事吗？"

学生小明（难以启齿地）："我……"

由于办公室里还有其他几位教师，于是张老师把小明带到了隔壁的会客室（这里没人）。张老师亲切地、静静地看着小明，并没有急于问他到底有什么事。过了好一阵，小明终于鼓起了倾诉的勇气，把他心中的烦恼一股脑儿倒了出来。

小明（烦躁而忧愁地）："张老师，我好烦好烦。"

张老师（头微微向小明倾斜）："你是不是碰到让你不高兴的事情了？"

小明（声音小而哽咽）："我爸爸妈妈一天到晚吵架，要闹离婚，我好害怕。"

张老师（同情地）："你害怕爸爸妈妈离婚？"

小明（轻声地）："是的，我不想他们离婚。我想和他们俩在一起。我看到我隔壁的小希以前好开心，可自从她爸爸妈妈离婚后，她总是愁眉苦脸的，好可怜。而且她妈妈总是骂她。"

⋯⋯⋯⋯⋯

最终，小明把心中的郁闷向张老师抖了出来，觉得心里轻松多了，而且对张老师十分感激。试想一想，如果张老师直接跟小明说"你有什么事？快说吧"，而不是察言观色，并找个回避尴尬的地方谈话，可能小明什么也不会说就失望地走了，以后也不会再找张老师倾诉烦恼了。

所以，班主任在与学生谈话时，千万不要忽视了谈话气氛的重要性。

第四节　班主任要学会使用谈话的技巧

班主任需要掌握谈话的艺术，才能和学生顺利交流。班主任对学生要时而循循善诱，时而委婉曲折，时而单刀直入。这才是更好地组织、管理好班集体，完成教育、教学任务的方法。

一、班主任应提升自己的语言素养

语言是班主任传递教育信息、影响感染学生并与之交流谈心的重要工具。语言修养的高低，往往直接影响到教育质量的优劣，有时甚至会产生"一言以兴人"或"一言以丧人"的作用。

所以，优秀的班主任都非常重视语言在沟通师生关系中所起的特殊作用。他们会经常借助语言的魅力，获得理想的效果。

【案例】

初二的班会课上，班主任发现一个女同学在写一张纸条，收来一看，原来是写给一个男生的。看着上面稚气的情话，班主任忍不住笑了。这一笑激起了全班同学的好奇心。几个调皮的男生大声喊："老师，念出来！"写纸条的女孩低着头，满脸涨得通红。全班同学好奇地期待着。

班主任说："你们真的想知道？"学生一致点头。"其实是两句再普通不过的话。"班主任打开纸条大声念道："听老师的话，做一个好学生！"班里响起一片笑声，那位女同学大大地舒了一口气。

课后，她塞给班主任一张纸条，很快跑开了。纸条上写着："您是我所见过的最聪明最美丽的老师，我一定会记住您对我的希望：听老师的话，做一个好学生！"

班主任若如实地念出纸条上的话，甚至再加上几句严厉刻薄的批评，显然会使这位女同学十分难堪，同时她也许就会对班主任记恨在心。这样不但达不到教育的目的，还会造成师生之间的感情对立。但是这位班主任没有那样做，她巧妙的话语既给好奇的全班同学一个交代，又给这名女同学一个台阶。这种做法不但达到了教育的目的，而且还赢得了同学的信赖。这，就是语言的魔力！

与此相反，我们来看另外一个案例，这是一位中学女生讲述的故事。

【案例】

有一次，一名同学上课说话，班主任就说："你就是不说话，我也不会把你当哑巴驴给卖掉。"

还有一次，一名同学把书上的插图都添加了笔画，班主任就把他的书撕了，分成四份，给了每组一份，让大家传看，还说："我们班出了一位'伟大'的'画家'，大家该鼓掌庆祝。"

早晨值日生没有擦讲台桌，学生一时没有找到抹布，跟班主任说："老师，等会儿行吗？我找不到抹布。"班主任回答："找不到抹布，难道把我的衣服撕了给你当抹布吗？"

这位班主任的话实在太刻薄、太不得体。它不但刺痛了同学们的心，让他们感到委屈和羞愧，还大大拉大了师生之间的距离，使同学们对他产生厌恶，甚至敌意。

可见，班主任提高语言修养是多么重要！

那么，班主任在与学生谈心的过程中，在教育实践中，其语言修养应达到什么样的境界呢？应该具备以下几点。

第一境界：真的语言。

班主任的语言修养，首要的是"真"。"真"即真实、正确、真诚的语言。真的语言可以揭示客观事物的本来面貌或反映客观事物的本质与规律，使学生获得正确认识，学做真诚的人。真的语言的特点为：实事求是，一是一，二是二，言行一致，表里如一，不唯书，不唯上，不迷信权威；讲解阐释时概念清晰，观点明确，材料丰富，言之有理，持之有据，用语简练，通俗易懂，不说模棱两可、云山雾罩、拖泥带水、夹缠不清、前后矛盾的话；描述、议论、说明时向学生表露自己的真情实感，爱憎分明，褒贬有度，不矫揉造作、夸张敷衍、文过饰非。

第二境界：善的语言。

所谓善的语言，就是恰到好处的教育语言，是在真的语言基础上达到的更高一层境界。班主任首先要善为"经师"。因此，"传道"

时，应博观约取，厚积薄发，娴熟地统揽全局，以少总多，抓住肯綮，要言不烦，迅速给学生心灵注入新鲜浆汁，使学生大彻大悟或顿生灵感。

"授业"时：或取譬类比，化易为难；或鞭辟入里，深入浅出；或分散难点，各个击破；或精雕细刻，于细微处见精神；或大笔勾勒，浓墨重彩绘蓝图，使学生有"情景一幕永难忘"之印象。"解惑""释疑"时：或指点迷津，拨云见日；或切磋琢磨，"奇文共欣赏，疑义相与析"。启发学生思考时，要"一石激起千层浪"，迅速激发学生的求知欲，点燃学生的思维火花，使之"精骛八极，心游万仞"，"思接千载，视通万里"。引导学生探究时，要激励其异想天开，独辟蹊径：或纵横捭阖，探幽发微，举一反三，触类旁通；或于"山重水复疑无路"之处，去寻求那"柳暗花明又一村"的境界。

班主任不仅应是"经师"，更重要的是要善为"人师"。因此班主任的教育语言，应是师生间经验的共享，视界的融会，情感的沟通与共融，心灵的碰撞与弥合，思想的共振与共鸣。唯其如此，方能叩开学生的心扉，发掘学生的潜能，焕发学生的生命活力，涵养学生的情感，弘扬学生的个性，召唤学生的灵魂；唯其如此，教师方是学生的人生导师和灵魂的工程师，才能被称为学生"道义相砥，过失相规"的良师益友。

因此，在具体的教育情境中，当学生萎靡不振时，应以激情洋溢的语言，给学生心灵注入兴奋剂，使之意气风发，精神振作；当学生缺乏信心而自甘平庸时，应以坚毅而睿智的语言，唤起学生内心的原始冲动和成功欲望，激发其凌云之志；当学生遭遇挫折而迷茫、困惑或绝望时，应以火热的语言使学生感受到人间的真情，以飘逸洒脱的语言引导学生超尘脱俗、豁达开朗；当学生小有成就而沾沾自喜时，应以理智的语言引导学生走出心灵的误区而健康地成长；当学生自甘堕落时，应以振聋发聩的警策语言给予当头棒喝，促其醒悟。

第三境界：美的语言。

班主任的语言不仅应是真的、善的，而且应该是"美"的，即给学生以审美的感受和熏陶，以美化学生的心灵。语言之美，体现在两个方面：一是外在美或形式的美，其特点是音节铿锵，节奏鲜明，语调和谐流畅，听时能愉悦人心；二是内在美或内容美，这是班主任语言美的本质方面，它给学生以精神上的愉悦和享受。

美的语言如三月阳光，使人暖意融融；如清凉甘泉，沁人心脾；如春风拂面，使人心旷神怡；如春夜细雨，润物无声；如优美乐曲，动人心魄，扣人心弦，使人如痴如醉，感到余音绕梁，三日不绝；如美不胜收的旅游胜境，使人徘徊逗留，流连忘返；如精巧玲珑的艺术珍品，使人爱不释手，玩味无穷；如庄严肃穆的神圣境界，可以瞬间净化人的灵魂，升华人的品格。

第四境界：独特的个性化语言。

班主任语言，都应当是独特的，有自己的特色和个性。因此，每位班主任都要充分发挥自身的优势，形成独特的语言风格。

善于思考者，应用富于逻辑的语言，分析与综合，演绎与归纳，概括与抽象，"阐微言以发大义，言浅近而旨宏远"，使学生无可辩驳，心悦诚服。长于形象思维者，应以生动具体、绘声绘色的语言来吸引学生，使学生如闻其声，如见其人，如临其境，心驰神往。聪慧睿智者，应以富于机智的语言，据形造势，因情制宜，随机应变，启迪思考，诱发灵感，发掘学生内在潜能，陶冶学生的灵魂。感情丰富者，应用带有情感的语言来感染学生：激情的语言如大江东去，一泻千里；热情洋溢的语言如和煦春风，催开桃李；愤恚的语言如火山喷发，天摇地动；忧伤的语言如泣如诉，催人泪下。富有情趣者，应以诙谐幽默的语言，使学生在轻松愉快的笑声中受到熏陶和感染。文雅谦逊者，应以礼貌潇洒、飘逸超脱的语言滋润学生，去淡化学生的杂念，净化学生的心灵，升华学生的人格。

第五境界：礼仪不可忘。

班主任与学生谈心要注意礼仪礼貌，谈话时态度要诚恳、自然、大方；要耐心倾听学生的谈话，注意尊重学生，不随便打断话语或随意插话，或自己作"鸿篇大论"。

不要做不必要的小动作，不要不时地发出"嗯、啊、噢"的声音。

要学会倾听学生的谈话，让学生把话讲完，要注意控制自己的感情，不要过于激动，等听完之后，冷静分析，做出自己的判断。

不宜说话颠三倒四，毫无铺垫地从东跳到西，使学生无法领会。

忌讽刺挖苦。与学生谈心不可咄咄逼人、讽刺挖苦、一声比一声高，让学生觉得自己很愤怒无礼。

不宜问学生不愿回答的问题。

不宜用太长时间谈论自己。

不宜在交谈中，频频接打电话或摆弄手机。

不宜在谈话中提及对方的伤心事。

忌居高临下。跟学生谈心时，双方应目光平视。学生如果仰着头听班主任讲话，就会形成一种不平等的交往。

总之，班主任应把提高语言修养当作终生的事业追求，永不停歇。

二、班主任要把话说到学生的心里

班主任在与学生谈心过程中，应说到学生"心"里。

苏联著名教育家 V.A. 苏霍姆林斯基说："真诚的关切是和谐发展的一般基础，在这个基础上的各个品质都会获得真正的意义。"

这句话强调的是，教师对学生要用真诚的心交往，要"以心换心"，才能达到成功教育的目的。

【案例】

学生小凯从不爱惜书本，乱涂乱画，书面整个儿是"脏、乱、差"，再看看书角，千层卷万层毛，活像一个小茅屋。

唉，怎么办呢？我惋惜地帮他抹平书角，他默默看着，似乎也很惋惜。他或许会改，可他能够保持多久呢？半学期，一个月，还是一个星期？

我看到自己的教学书平平整整，有了主意。

"我有个提议，咱们俩换书用，到期末再换回来，好不好？"

他将信将疑。

"不过，你要爱惜我的书。当然，我也会爱惜你的书。你能不能保证，期末还我一本完好的书？"

他笑了，冲我点点头。

后来的日子里，我只偶尔说过他一两次，而他手里的那本书确实保存完好。我能想象最后当我们交换书本的时候，他会露出骄傲的神色和灿烂的笑容。我准备把那本书赠送给他，还在上面签名，并和他约定，下学期发新书的时候我们再换。

这位班主任的工作是从学生的"心"开始的，而且在与其交流的过程中也始终是用"心"为之，而不是说空话。他平等真诚地对待他的学生，与其交朋友，使这位学生改掉了一个坏习惯。所以只有在真诚理解的前提下进行交流，才会事半功倍。同时，我们在采用"攻心"之策时，还要注意"煽情"。"人非草木，孰能无情"，若是在与学生的交流谈话中适当运用情感，那将会起到"润物细无声"的作用。

三、班主任说话要有理

俗话说，以理服人。班主任在与学生谈心时，一定要讲"理"，而且还要把"理"讲透，讲得学生心服口服。

【案例】

一位班主任接手新班级后，他的第一堂班会课上得别开生面。他走进教室，将手中一张8开的白纸扬了扬，转身用透明胶将它固定在黑板上，学生们好奇地看着，猜测着：这个新班主任要干什么？

他先简单地做了自我介绍，然后对学生们说："现在你们已经知道我是谁了，但是我还不认识你们，请你们用你们手中的笔——钢笔或者彩笔，甚至毛笔，在这张白纸上写下你们的名字。无论用什么字体，只要让我知道你的名字就行。下面请按组的顺序一个个来。"

班主任始终微笑着，不做任何提示。还未写到一半，出现问题了：白纸要往下掉。但这个问题很快得到了解决，几个学生飞快地用透明胶重新加以固定。但是8开的纸已经差不多写满了，后来的学生很难再找到空白的地方写下自己的名字，只好写在其他名字上面。

有学生提议，再用一张白纸，班主任既未肯定，也未否定。有位学生将自己的名字分三处塞进了缝里，引得学生们一阵哄笑。最后实在没办法添加了，剩下的几个同学只好用粉笔将名字写在黑板上。等都坐好后，班主任示意大家安静，然后说："同学们，很高兴认识你们，现在让我们来看这张白纸。"班主任继续说："五颜六色，美丽极了。但是，是不是有些凌乱？还有，你们每一个人都写下了名字，可为什么现在许多人的名字反倒看不清了呢？在白纸上写下名字很容易，但是大家在写的时候，是否考虑到了其他问题？"

同学们面面相觑，不知班主任的用意。班主任继续说道："这张白纸就像我们的班集体，这一个个名字代表着我们每一个人。我们每一个人无论做什么，是不是都要替别人想想呢？"班主任又指向白纸："开始写的同学，想到为后面的同学留下空白了吗？显然，没有。大家知道，用通常的方式来写，这张白纸能写下几百个名字。但如果只用自己的方式，而不考虑整体，那这张白纸又能容纳几个人的名字呢？"

同学们似乎有些明白班主任的用意了。班主任继续说："刚才有的同学提议再增加一张白纸，这是有道理的。但是否可行？很多时候，机会提供给我们的舞台能有多大呢？增添一张白纸太容易，但是适合我们生存发展的空间是不能无限扩展的。我们必须学会创造空间，谋取机会。我们可以寻求独立，但独立从来脱离不了各种各样的联系：与他人的联系，与社会的联系，与环境的联系。一味要求独行，结果只会一片混乱。

"可喜的是大家并未忘记协作。大家走上讲台时井然有序，白纸要往下掉时，几位同学冲上前来，加以补救。大家都想把自己的名字写在最显眼的位置上，但当没有空处时，没有人刻意将别人的名字涂掉，有几位同学还委屈地将自己的名字写在白纸的外面……"

这时同学们会心地笑了，紧接着响起了热烈的掌声。好一会儿掌声才停止。班主任又问："现在，谁能在这张纸上画一朵花出来？"没有一名学生站出来，他们也许在想，在写满字的纸上怎么能再画出花来？

于是班主任把纸揭了下来，铺在讲桌上，拿起一支彩笔，三下五除二画了一朵，再画了一朵。第一朵开在正面，第二朵开在反面。然后，他把纸高高举起："同学们，请看，刚才还凌乱不堪的纸面现在是不是焕然一新了？这花蕊、这花瓣将每个名字连在一起，如此绚丽，如此精彩，我们每个人不都可以成为这朵鲜花的组成部分吗？只要齐心，只要我们努力，这朵花一定会常开不谢。"

"再看！"班主任调转纸面，"不要被眼前的混乱复杂迷惑了眼睛，机会是创造出来的，美丽也是创造出来的。在看似不可能中，我们也能有新的发现。很多的时候，我们需要转变思维。当纸的正面写不下时，为什么没有人想到在纸的反面写？这张纸的容量是可以很大的。正如我们这个班集体，如果分散开来，就只是一些零散的名字，但是如果团结起来，它的力量将是惊人的。

"同学们，从今天开始，我们就要过一种全新的生活。无论以前怎么样，关键是要把握现在。只要用心，我们就能拥有馨香芬芳；只要用心，就能创造平凡之中的奇迹；只要用心，就能收获人生道路上完美的风景。"

教室里掌声经久不息。

这个案例非常生动，启人深思。作为一个接手新班级的班主任，怎样获得学生的认同，融入这个集体并使这个集体具有凝聚力；怎样在同学们中间树立威信，并将自己对学生的要求与期望恰当地表述出来，从而达到激发同学们的学习热情和参与班集体建设的热情，这可不是一件容易的事。而这位班主任用一种非常巧妙的方式做到了这一点。

首先，这位班主任构思新颖，创设了一种让同学们介绍自己的新方式，说话讲究技巧，结合自身的优势，在与学生交流时说话高屋建瓴，入情入理。

其次，在一开始就不摆师长架子，而是营造一种宽松、平等、和谐的气氛，如：无论用什么样的笔，用什么样的字体，只要让他知道名字就行。在学生们遇到一点点小问题时，既不干涉、不评价，也不给学生任何提示，只是会心地微笑，任学生们自由发挥、自由表现。这既体现了班主任自由、民主、平等的思想，又有利于学生展现自我，能够充分显露自己的优点、缺点，也便于总结发挥，阐述自己的观点。他针对学生们的表现因势利导，循循善诱，话说在理上，而不是闭目塞听，以师长自居，把自己的观点强加在同学们的身上。

最后，他既能指出学生的缺点，同时还肯定了学生的优点，并就此引导他们向更高的方向发展。在指出错误时并不是"一箭穿心"，尖锐地批评，而是提出问题引发学生对自己行为的思考，在此基础上再举出具体事实，以事实服人，以理服人。他还就此将自己对同学的要求与期望表达出来，使学生明白了在平时的生活中要为别人着想，要在有限的资源中充分发挥自己的才能，与同学要和睦相处，团结协作。

另外，这个案例的另一个亮点是：班主任把学生们的名字用一朵美丽的鲜花连在一起，并在这张纸的背面又画了一朵花。他把前一朵花比作他们那个班集体，把班中的每一位同学比作这朵花的组成部分，使大家体会到家一般的班级温暖；还用第二朵花向同学们展示了创新思维的重要性——转换一下思维方式，就有新的发现，就会创造出一片新天地来。中学阶段的学生处在心理上的逆反期，但同时他们的思维非常活跃，对外界各种事物都有极大的新鲜感，这也是各种新奇思想的爆发期，如果加以恰当引导，将会使其受益匪浅。

在这个事例中，班主任一直是在一种宽松、平等、和谐的气氛中与学生们一起探讨，并以事实为依据，逐步深入，最终在新班级中树立了"权威"。

第五节 班主任可选用灵活多样的谈话方式

只有讲究方法与艺术，才能在谈话中取得预期的效果。班主任与学生谈话要因人、因事、因地制宜，有的放矢，才能取得良好的效果。恰到好处地选用谈话方式，就一定能使师生之间的谈话取得事半功倍的效果。

一、通过周记与学生谈话

很多学校都要求学生写日记或周记。日记由学生自己保存，周记交班主任检查。周记是一种类似于日记的短小文体。学生在周记中可以叙事，可以抒情，可以就某件事发表评论，也可以写下自己细腻而微妙的心路历程。因此，通过周记，班主任可以更全面而深入地了解学生，学生也可以以此方式与班主任沟通。所以，称职、有素养的班主任总能有效地利用周记作为师生谈心的途径。

可现实情况是，很多班主任对周记的作用不甚重视：要么收起来数一下本数，草草打个日期，表示已经看过；要么推给语文老师，认为这是锻炼写作能力的小作文。这些做法根本无法充分发挥周记的育人功能，还会降低学生的写作热情。如果在认真阅读学生的周记后，班主任来一段妙批，就会获得良好的效果。

一次批改周记时，一位班主任看到了这样一段文字：

今天我哭了，念了六年小学没有流过泪的我哭了。第一次离家这么远读书，第一次收到家人的来信。妈妈的字写得不好，还有错别字，可我觉得特别亲切。捧读着信，我热泪盈眶。爸、妈，为了我，你们太累了，太辛苦了！

从这篇周记的字里行间流露出的，是该学生对父母的感激与理解。班主任惊喜于小小年纪的他就如此懂事，便信笔在周记本上写下这样的话语：

理解父母是孝敬父母的前提，回报父母是孝敬父母的体现。你真是个懂事、孝顺的好孩子。你是你父母的希望，也必将是他们的骄傲，愿你能以优异的成绩回报伟大的亲情。

在不久后的"勤努力，报亲恩"主题班会上，该同学做了感人肺腑的发言，在发言中他引用了班主任上述评语中的一些观点，令许多同学都陷入了沉思。当然，这位品学兼优的同学也成了全年级学生学习的榜样。

周记的形式可以多样，有的是班主任命题，有的是学生自命题。有的班主任会让学生每周写一句心里话、定一个小目标、记一件好人好事。一个小目标能让孩子有明确的努力方向；一件好人好事，能让孩子关注身边的人和事，班主任借此在班上大力宣传这些好人好事，有利于班级正气的形成。学生在班主任的引导下，把"摄像头"瞄准了生活，记录他们的所见所闻、所思所感，班主任则通过这些记录，了解孩子们的心理需求，分享他们成长中的酸甜苦辣，以此为对话的桥梁，引领孩子向着健康积极的方向努力。

在孩子们的成长过程中，需要有人欣赏、有人支持、有人倾听，班主任就应该扮演这样一个倾听者。

【案例】

佳是一个外来务工人员的孩子，他的父母每天只能在家待四五个小时，根本顾不上他。他因为所谓的"讲义气"，经常打架，学习也受到了很大影响。在一般人眼里，这样的学生是不求上进、不可救药的。他在一篇周记中流露了自己的心声：

我每天几乎都是很盲目地活着，好像是在一天一天地混日子似的。这些因素不是来自家庭也不是来自学校，而是交友不慎害了我。

我很喜欢交朋友，一直认为朋友之间相处就应该互相帮助。所以每次朋友有事找我，我都会尽最大的力量去帮忙。我以为这就是义气。上小学时，我因为朋友义气而与别班的同学多次打架，一到老师追究责任的时候，他们就都往我身上推，所以我看不起他们。最让我难忘的是，为了朋友，我和老师打了起来，并且还骂老师，还把黑板打破了，结果所有的损失都是我一人承担。一切都只能怪我自己太讲江湖情义。

现在，我已是初中生了，并且又结识了许多朋友。我厌倦了学习，我整天想着怎么在外面混。不像刚进来的时候，我谁都不认识，人生地不熟，我还能静下心来学习。

我后悔为什么我会这样？浪子回头金不换。只要我从此悬崖勒马，就一定会驶向成功的彼岸。我需要时间去证明我的悔改之心。大家的眼睛是雪亮的，你们随时可以监督我。

班主任留言：我听到了你的心声，更看到了你的成长，祝贺你！大胆地向前走，我和我们的班集体就是你进步的坚强后盾。

尽管这个学生存在着这样或那样的问题，但他能在周记中剖析自己，找到倾诉的对象，也是一种幸运。班主任的几句轻言细语传递了力量，并及时为他加油。同时，班主任能听到学生的心声，又何尝不是收获了一份教育者的喜悦呢？

让我们记住一位班主任在自己的微博中写的话吧：

课务较多的我，周一却有整个上午的时间留给我的班级、我的孩子们。我喜欢在这个时候自由地走进孩子们的世界，专心地分享孩子们周记中的点点滴滴。我就像在和孩子们进行着心与心的交流，有一种别样的温情荡漾在我的心间……

二、通过小纸条与学生谈话

有时候，学生之间想交流点什么，既不方便直接表达，也不想让别人知道，往往就采用递小纸条的方式。其实在班级管理中，班主任与学生交流谈心，"递小纸条"也不失为一种好方法。

由于缺乏工作经验，不少年轻的班主任在接手一个新班级时，往往苦于找不到有效载体和学生交流，难以激起学生情感的"回流"，给开展班级工作产生了一定的障碍。如果班主任给学生悄悄地递张纸条，让小小的纸条传递师爱，教育效果会事半功倍。

（一）让小纸条成为拨动后进生心弦的手

后进生，是指那些成绩较差，存在某些问题的学生。他们往往得不到班主任的爱，容易自暴自弃。班主任要做他们的贴心人，去发现、捕捉他们的闪光点，要对他们寄予厚爱，拨动他们的心弦，鼓起他们前进的风帆。可以用悄悄传递的小纸条把这些爱的信息传递给每一名后进生，把师爱洒进他们的心田。

【案例】

学生 A 是个非常贪玩的男孩，学习成绩较差。期中考试以后，学校举行乒乓球比赛，他在全班无其他人参加的情况下报了名，并且一路过关斩将获得了年级冠军。我在他获得冠军的当晚递给他一张小纸条："你是个机灵、聪明的男孩，要不然乒乓球冠军不会属于你。如果能把乒乓球台前的专注移一点到学习上，优异的成绩一定会使你更潇洒！"没想到这小小的纸条真的改变了他，期末检测时，他彻底甩掉了后进生的帽子。听学生A的家长后来说，那天，他捧着我写的小纸条坐在书桌前沉思了许久。

小小的纸条，没有指责，没有嘲讽，推心置腹，情真意切，使厌学的学生开始发奋，消极的学生有了朝气……小纸条给了后进生奋发向上的动力。

（二）让小纸条成为照亮中等生前程的灯

"抓两头，促中间"是班主任工作的原则之一。班主任在工作中注意及时捕捉显现在中等生身上的积极因素，用小纸条传递对他们的关注，激发他们努力上进、一展身手。

【案例】

学生B是一名典型的中等生，表扬轮不上，批评摊不着。由于长期被忽视，他沉默寡言，常常一个人独处。我悄悄地递给他一张纸条："你以前可不是这样的呀，三年级时你的作文就被老师作为范文拿到其他班诵读，对不对？四年级时你参加学校运动会的800米比赛，跑到第二圈的时候，你不小心摔了一跤，同学们都估计你不会再跑了，你咬咬牙爬起来，坚持跑到底，结果夺得了第二名，是不是？你为班级赢得了这么多荣誉，更应该和同学们打成一片呀！"

我的肯定使学生B深受感动，他也给我写了一张纸条："老师，没想到您这么了解我，今后我有什么不对的地方，您就狠狠批评我吧！"我当即又递给他一张纸条："让我们做好朋友，互相帮助，好吗？"就这样你来我往，悄悄传递的纸条改变了他。一下课，他就在我的讲台边说这说那，还和其他同学欢快地玩乐。

班主任可以借助小纸条和中等生交流，肯定他们的长处，尊重他们的人格，同时又点明阻碍他们进步的问题，使他们在良好的情感体验中审视自己，促使他们克服消极因素，自觉地向优秀生转化。

（三）让小纸条成为催促优秀生奋进的鞭

成绩优异、品行端正的学生常常集荣誉于一身，一般的表扬已引不起他们的重视，"骄""娇"二字或多或少地体现在他们的身上。同时，这些学生的自尊心又极强，当众批评会使他们产生抵触情绪。班主任可以用悄悄传递纸条的方法，指出他们的不足，既维护了他们的自尊，又激励他们上进。

【案例】

学生C品学兼优，生性喜静，不太喜欢集体活动。我在悄悄递给她的纸条上这样写道："悄悄地学习，默默地思考，轻轻地回答，优秀的成绩在你看来是那么平常。哪一天，能听到你激昂的演讲，看到你优美的舞姿，老师更会为有你这样的学生而骄傲。"赞扬中包含着委婉的批评。学生C后来参加演讲比赛获得二等奖，并且成了学校首届校园文化节的主持人。

对于优等生，稍作提醒有时就能使他们注意到班主任对他们喜爱中流露出的严格要求，一张张小纸条似乎在提醒他们"无须扬鞭自奋蹄"。

客观的评价，委婉的规劝，善意的提醒，热切的希望……融入满腔爱心的小纸条以含蓄的方式在班主任和学生之间创设了情感沟通的心理效应场，促使孩子们自我矫正，其效果是空洞说教或严厉责备所无法比拟的。

年轻的班主任，如果工作中遇到了麻烦，那就给学生递张纸条吧，让师爱在悄悄传递的纸条中流淌吧！

三、通过评语与学生谈话

给学生写评语是班主任的基本工作之一。写评语当然不能草草了事，一个有爱心、有智慧的班主任会把评语作为师生谈心交流的有效载体，借以打开学生的心扉，拉近与学生之间的距离。

虽然生活是平淡的，但是思想教育不能平淡，班主任需要化平淡教育为人格化教育。平淡化倾向在我们学校教育中长期存在，忽视了受教育者的个性差异，对学生的人格培养陷入了一种僵化模式。这如同制砖厂生产的砖坯，用同样的火候是烧不出两样质地的砖的。教育，特别是思想教育，应以心灵的内动为前提。个体的心灵折射出与众不同的人生感悟。再好的教育如果缺少心灵的内动，也难以成就美好的人格。班主任通过评语，能透过感官深入学生的心灵，使之灵敏、准确地对外物做出反应。

培养学生正确地认识自我，只靠思想教育这种泛化的模式，起不了多大作用。班主任给学生的评语恰好能弥补这种思想教育泛化倾向的缺陷，其最突出的作用就在于针对学生个体，开启学生心灵。

有人说，单靠评语是不能解决思想问题的。这话不假，但是我们不能忽视评语的个性化指导功能，把评语游离于思想教育的环节之外。评语是思想教育环节的重要组成部分。班主任要想针对学生个性有的放矢地指导，就应重视评语的这种作用。正如天阴了，有人备伞，有人备雨衣，也有人躲在屋内不出来，更有人等待着让雨水淋个痛快。心灵的开启虽有早迟之分，对生活的感受却各有不同，素质教育就是要在全面发展的同时张扬个性。只要班主任悉心写好每一份评语并把它视为一个重要的教育环节，评语就不仅仅是开启心灵的钥匙，更是让心灵燃烧的火种。

另外，评语要凝聚班主任的情感，因为情感是翻转地球的杠杆。和学生谈心，进行思想教育本来就是一项具有较强情感因素的科学活动。在探求教育规律时，弃情感而不顾，是不可取的。思想教育的根基在于开阔视野，启迪思想，教育者的情感因素在此起着某种潜在的制约作用。嘴上说让学生用心感受班主任的爱，具有指导性的评语却平淡如水，毫无感情色彩，甚至套话连篇，何谈以情感人，没有感情的语言又怎能激起被教育者内心的波澜呢！

当然，班主任评语凝注的感情要有所依托，应该是对学生思想品德、生活表现的针对性评价和具体指导的契合。一位哲人说过，给他一个支点，可以用杠杆撬动地球。这是科学的力量，也是情感的力量。情感的魅力就在于它是帮助一个人认识世界、创造世界的支点。

第六节　班主任与学生谈话有讲究

一、班主任要做学生的热心听众

美国成人教育家戴尔·卡耐基说过，人际交往没有什么神秘可言，只要懂得专心倾听对方的谈话，就可以让对方满意和开心。因为世间最叫人渴望的，就是有人倾听。戴尔·卡耐基之所以这样说，与他的亲身经历有关。

【案例】

一次，戴尔·卡耐基参加一个桥牌聚会，由于他和一位美丽的小姐都不会打桥牌，于是两个人就坐下来聊天。这位小姐得知，戴尔·卡耐基在托马斯的国际商用机器公司从事无线电事业之前曾是托马斯的私人经理，并在那个时期为获得旅行的讲解资料而到欧洲各地旅行。她很感兴趣地问："戴尔·卡耐基先生，你能不能给我讲讲你到过的名胜和见到过的美景？"

戴尔·卡耐基从她刚开始的谈话里，知道她同丈夫刚从非洲旅游回来不久，于是便说："我想非洲一定非常有趣，可是我除了在阿尔及尔有过一天的短暂逗留外，还没有到过其他任何地方。谈谈你的此次非洲之旅，好吗？"

在接下来的45分钟的谈话里，这位小姐再也没有问过戴尔·卡耐基到过什么地方，看到过什么奇景，她所需要的不过是一个可以听她讲述非洲之旅的倾听者。

类似这位小姐的人在现实生活中少见吗？一点也不，许多人都是如此。在随后戴尔·卡耐基参加的一个宴会上，再次证明了这一点。

在一个纽约出版商组织的宴会上，戴尔·卡耐基见到了一位著名的自然科学家。戴尔·卡耐基以前从未和这类科学家谈过话，他觉得这位自然科学家所说的话颇有吸引力。这位科学家同戴尔·卡耐基讲了大麻、布置室内花园和关于马铃薯的一些惊人事实。当戴尔·卡耐基谈到自己有一个小小的室内花园时，他马上告诉戴尔·卡耐基应该如何解决室内花园常常遇到的几个问题。

在这次宴会上，戴尔·卡耐基与那位自然科学家谈了数小时之久。在宴会结束时，自然科学家对主人说："这是我见过的最有趣的谈话家。"

　　这让戴尔·卡耐基感到非常好笑，因为整整一个晚上，他差不多没有说话，只是在听对方说话而已。因此戴尔·卡耐基得出一个结论：倾听是适合所有人的最好的尊敬和恭维。

　　这个道理不但适用于成人之间的沟通交流，也同样适用于师生之间的沟通交流。

　　学会倾听是一种修养，作为班主任更应该明白这一点。要想让学生尊敬你，那么你首先要尊重他们的想法。班主任要想走进学生的内心世界，那就应该学会倾听学生的心声。

　　倾听是心与心的沟通，倾听是人与人情感的交流，倾听是对人的理解，倾听是对人的信任，倾听是对爱的呼唤，倾听是对人格的尊重，倾听是心心相通的桥梁，倾听是心心相印的纽带……倾听作为与人交往不可缺少的一个环节，是与人为善的表现。

　　倾听是实施有效教育的基础和前提。心理学研究表明，人在内心深处，都渴望得到别人的尊重。班主任要对学生进行有效的教育，就必须尊重学生，倾听学生的呼声，了解学生的疾苦，知道他们在想什么、做什么，有什么高兴的事，有什么忧愁的事，他们学习中有什么成功的地方，有什么困惑。是方法的问题，还是心理的问题？是习惯问题，还是基础问题？对这些问题有了比较清醒的认识，就可以对症下药，有的放矢。所以在了解学生的时候，要放下老师的架子，平易近人，和蔼可亲，增加亲和力，学会倾听。

　　可是我们许多班主任不愿意听学生的倾诉，不愿意听学生的唠叨，总认为自己高人一等，比学生高明，没有必要倾听学生的诉说。其实，学会了倾听，就能够深入了解学生的内心世界，学生们就能感受到老师对他们的尊重和关怀，他们也就愿意把自己的想法、愿望、要求、困惑告诉班主任，得到班主任的关怀和尊重，得到老师的宽容和理解，得到老师的帮助和解答。这个时候所进行的交流，就是心与心的交流，就是灵魂与灵魂的沟通。

班主任要从倾听学生的诉说中寻找开启心灵的钥匙，从倾听中分析学生的心理变化，从倾听中找出学生思想问题的症结所在，从倾听中帮助学生勇于面对挫折和压力，从倾听中了解学生的疑惑和苦闷，从倾听中帮助学生找回自信、找回自我，为他们树立正确的世界观、人生观、价值观，为他们心理健康的发展提供良好的环境和帮助。

二、班主任应多从学生的角度思考问题

【案例】

驶进心灵的港湾

每周一节的"驶进心灵的港湾"（即与班主任说心里话）活动又开始了。这次，我采取了"独立写"的形式，让学生用简短的语言写一句真心话，来"帮助你们的大朋友"。结果，我从两位学生的真心话中获得了不少启迪。

一位学生写道："您平时待我们像朋友，从不大声斥责批评我们，但我实在有些怕您。"

另一位学生写道："造句的感觉真舒服！我真喜欢上您的用词说话课了。"

乍一看到这"一怕""一赞"，我颇为纳闷。平时我从不声色俱厉，学生对我何怕之有？造句又有什么好舒服的呢？何不找他们聊一聊呢？于是师生间便有了一次发人深省的谈话。

1. 与"怕"我者的对话

"老师哪些地方让你怕了？"

"造句。"

"造句有什么可怕的？"

"不可怕。"

"嗯？"

"记得有一次用'发现'造句，我是这样造的：'我发现大母鸡围着草垛转。'您听后，笑着要我坐下，然后说了一句：'一年级的孩子也造得出。'当时，我感到您的笑是冷的。"晶莹的泪水已盈满学生的眼眶。"

"您肯定不知道当时我很伤心。要知道，这可是我的真正发现呀！"她边说边泪如泉涌，"以后……我就特别怕上您的语文课了。"看着她从心底里流出来的委屈，我不禁自责，当时我也许确实是无意的，因而已没有一点印象了，但她却记忆犹新。

2. 听"赞"我者的想法

接着我又问了那个"赞"我的学生，为什么对"造句"感觉很舒服。他说，自从那天他用"发现"造了"我发现地球围着太阳转的现象"这个句子，老师热情表扬他后，他学语文便有劲了，所以他说造句的感觉真舒服。

这两名学生的叙述，促使我认真反思。学生"怕"我，是因为我把成人的思维定式移用到了学生的身上。其实，学生那种善于在生活中观察，善于将亲身经历表达出来的意识和做法，不正是新课程改革所需要的吗？善于发现的品质不就是这样逐渐产生的吗？而我恰恰忽略了这一点，只看到学生观察结果的肤浅，却没尊重其观察过程的可贵。学生怕我，令我也觉得自己可怕了。

对"赞"我的学生，我虽然肯定了他视野开阔，但他只是再现了所学的知识。久而久之，这类学生可能只会注意尽可能地跟老师保持一致（因为这样可以得到老师的表扬），只会接受别人的解决方法，却不敢去超越。

两位学生给我提出了一个共同问题：如何多角度地去理解学生，启发学生的思维，启迪他们去"观察—探求—领悟"呢？

【案例】

学生日记

又一届高三学生毕业离校了，我走进那空荡荡而又一片狼藉的学生宿舍，无意中拾起一本残缺的学生日记，翻看之余，心情很是沉重。现摘录其中几则：

×月×日

老师们积极性可真高，他们一天要干十几个小时。我们睡了，他们还没睡；我们醒了，他们却早已工作了。我想，他们一定没时间看电视、听广播、读书、看报。他们和我们一样是笼中的小鸟。我总想，老师们可真伟大，仅凭那几本教科书，几份练习题，就可以教那么多学生。可是他们的生活太枯燥无味了，也没有几分温馨。将来一定不让我妹妹当老师，她不适合。

×月×日

我们学校橱窗办得不错，展示了许多标兵事例，那么多人都围着看。有些人是去找自己的相片，我懒得去看。老师说他们是我们学习的榜样。据说还有刘某、赵某。我挺不喜欢他们，他们对老师当面一套背后一套。也难怪，现在这样的人吃香。

×月×日

教室的椅子坏了两条腿，门上玻璃碎了一块。教导处和班主任正在调查是谁干的。我们都说不知道。老师说："你们不说，我也知道。"真是的，明明知道还问我们。又想起车棚栏杆上不知谁编造的通俗文学来，啥内容不好意思写了。老师不知看到了没有。知道了事情真相，准批评我们，不过挨批评的时候我们也懂得兵来将挡，水来土掩，唯唯诺诺，一再认错就是了，看老师有什么办法。唉！真是没意思。

刚才听别人讲玻璃肯定是赵某砸的，可能是因为老师在班会上把他当成了反面典型，所以他要报复吧！他早说了："不就是赔吗？给他10元钱，花钱买个痛快。值！"细细想想，倒觉得老师很可怜。他们还以为把我们给管住了呢！

×月×日

今天不知怎么了，好像有点悲天悯人。前些日子班上出了那么多事儿，老师好像也没个说法。我真怕"星火燎原"。赵某他妈妈今天来看他，说："你们班主任也不知道在干啥，难道他啥也不管吗？"我们告诉她："我们班主任可严厉呢！作业差一份也不行。谁要是做得不对，他非得给你来个'单兵教导'。至于班上的其他事儿，他说都高三了，不用操心了。"

有一次，班主任还说怕有一天会下岗呢！他们像我们一样也排名次。看样子排个第一什么的，学校会给他们涨工资、发奖金。看来老师们也在竞争，真是"爱拼才会赢"！只是倒霉的是我们，老师们都说为我们好，都抢着给我们补课。我们的命好苦啊！

两个案例，分别来自小学与高三，从两端显示出基础教育阶段师生之间的沟通情境。

第一个案例，展示出一种双向交流的情状，师生之间彼此了解、理解和谅解。而第二个案例表现出来的沟通情景，是典型的"单向式"——校方或班主任凭借其"话语权"提出要求，发出指令。由于缺乏沟通的"双向性"，导致"一厢情愿"的结果。两个案例启示我们，在师生之间谈心沟通时，班主任应学会"换位思考"。

换位思考，是通过转换角色、地位来思考问题，以增进双方的彼此了解。它能够改善沟通双方的关系，直接影响沟通过程的顺畅程度以及影响的深入程度。

要做到换位思考，班主任就应了解换位思考的基本形式。

（一）视角转换

通过调整视线角度，如"俯视""平视""仰视"等，重新设定沟通双方的地位和关系。教师强势地位的设定，常常造成班主任以一种"俯视"的姿态与学生沟通，形成一种居高临下的态势，造成双方关系的不平等，直接影响着沟通的效果。我们提倡班主任要转换视角，将"俯视"转换为"平视"，甚至是"仰视"，以改善沟通的质量。

（二）处境置换

将自己置换到对方的处境，来体验对方的感受，领悟对方的思想、感情。在不同的处境中，人们对事物会有不同的感应，产生不同的感受，萌发不同的想法。在与学生的交往中，教师常常会陷入单向思维的误区，因为忽略了学生的"具体处境"这一重要因素而忽略了学生的感受，难以与学生产生"共鸣"，甚至会引起对方的反感。

如上面第一个案例中的那位学生，由于教师对其造句的评价，而产生了反感，甚至引起了恐惧。因此，只要班主任在与学生沟通、交往时能够"设身处地"地去体验学生的感受，就更容易接近他们的思想、感情，就能产生更多的共鸣。

（三）角色互换

通过交换彼此充当的不同角色，来了解对方的思想特点、行为特征，在增进双方彼此了解中消除差异、互补互动，增加双方的和谐与协调。

在现实中，角色的社会规定性决定着教师与学生之间存在许多差异，这些差异常常成为妨碍双方和谐、协调、合作的因素。如果师生双方能够通过"假如我是后进生""假如我是班主任"等虚拟角色互换，甚至在真实的情境中进行一些互换角色的活动，对彼此的思想、行为就会有更深入的了解，彼此间也会有更好的合作基础。

总之，做到换位思考，是师生沟通取得良好效果的基础条件之一，班主任不可等闲视之。

三、先了解"病症"再"施治"

一位班主任讲过这样一件让他尴尬的事：

【案例】

昨天，我找班上一名女生做她们思想工作。

问："为什么成绩老上不去？"

答："我不喜欢学习。只是父母让我来的！"

问："是不是思想开小差了？"

答："你是指谈恋爱吗？"

问："你认为呢？"

答："说实话，我确实在谈恋爱。"我努力把中学生谈恋爱的弊端讲给她听。她表情漠然地说："老师，我已经十八岁了。我已经成年了。"

我无语。

这次谈话中，班主任和学生的思路都很清楚。

班主任的思路是：你成绩老上不去是因为思想开小差，思想开小差就是早恋，中学生谈恋爱弊端太大，所以你只有不谈恋爱，思想才能集中，学习成绩才能上去。

学生的思路是：我学习成绩上不去是因为对学习没有兴趣，早恋是有的，但那是我的权利。

对话无法进行下去了。

其实严格地说，这并不能算是"对话"，这只是师生二人分别在"自言自语"，是典型的"无沟通对话"。双方谁也不想理解对方。班主任是沿着自己的既定"教案"在宣讲自己的"教育方针"，学生则是在申明自己的"既定生活原则"。双方都是以自我为中心，都不想反思自身，所以无法沟通。

谈话双方一个是教师，是教育者；一个是学生，是受教育者。对教育者要求得稍高一点，才是比较合理。而这位班主任的出发点是提高学生学习成绩，落脚点也是提高学生学习成绩，有相当明显的应试色彩，不是以人为本，而是"以分为本"。而且，这位班主任并不关心学生的生存状态，不关心学生的感觉和喜怒哀乐，关心的只是"你要照我说的去做"。所以他一开口，就像一位"领导"，而不像是学生的朋友。朋友见面，总是先问寒问暖，也就是首先关心对方的生存状态。与之相对，现在很多班主任自称是学生的"朋友"，可是他们对学生说话的口气，怎么听都不像朋友。

还不止如此。这位班主任的逻辑推理也是经不起推敲的。成绩上不去就是因为思想开小差，因为不刻苦，这是很多班主任的逻辑。这个归因是极其武断的。事实上学生成绩上不去有很多种原因，情况非常复杂，需要一个一个具体分析。如果只这样简单归因，那就不需要研究和分析了，只要加强管理和监督，使得学生没有时间偷懒，不得不刻苦，就大功告成了。许多班主任就是这样做的。他们简单粗放的工作方法，来自对学生问题的不科学的归因。这种极其简化的思维方式，使得他们很难进步——有现成的答案，自然不需要再思考了，"抓"就是了。

再来看这名女同学。班主任认为她学习成绩上不去是因为早恋，她却认为自己是根本没有学习的动力和兴趣，师生归因显然不同。如果这位班主任有一点研究的欲望，他就应该想一想，是我说的有道理，还是学生说的有道理？如果班主任坚定地认为自己有道理，就应该据理驳斥学生。他应该向学生证明，"你成绩上不去不是因为你没有学习的动力和兴趣，而只是因为（或主要因为）你早恋"。这样，说服力就要强得多，这也才谈得上是"对话"。可是这位班主任听到学生的不同意见之后，不经过思考就顺着自己的思路说下去了。这不和照着教案讲课一样吗？

在此案例中，客观地说，在归因上，学生可能比班主任正确。这位班主任只知道早恋是影响学生学习的原因，而不知道学生整体生存状态不好又是早恋的原因。事实上，很多学生都不是因为早恋而走向失败，而很有可能是因为失败才走向早恋的。一名学生如果自己并不想上高中，迫于家长压力不得不上，自然很苦闷，这时候如果向她大谈早恋的害处，就是废话，就是在浪费精力和爱心。

正确的做法应该是从学习成绩谈起，不主动提起谈恋爱这件事。先问该学生过得好不好，心情如何，将来有什么打算，有什么苦闷，先关心她整体的生存状态。如果她的父母在非常主观地"塑造"她，那么要找她父母谈谈，改善孩子的生存环境。更重要的是，要帮她找到一条能够实现自我的路子，也就是找到一件她自己愿意做，而又有意义的事情（可能是考大学，也可能不是）。当学生感觉有奔头的时候，早恋问题才好解决。没有奔头的学生会把恋爱当成一种"临时奔头"，这时候堵是堵不住的。

要真正解决问题，没有科学的"诊疗"意识和方法是不行的。所以，班主任们一定要明白"先诊断再治病"的道理。

四、对“重症”学生要下“猛药”

一位笔名为“摩西”的班主任，曾在网上写过一篇文章。

【案例】

我刚接手这个班的时候，感觉上课简直是一种折磨：如果我对学生微笑，学生最多能安静十分钟，之后说话声便此起彼伏。于是，我几乎每节课都要拿出几分钟甚至十几分钟来约束纪律。我约束纪律的风格是比较特别的，比如上次有个学生上课故意噘嘴出洋相，我就针对这件事专门进行“洋相教育”，具体说了什么，我已经不记得了，但是语言肯定是比较尖刻的。此后，喜欢上课讲小话的那些学生在课堂上就老实多了。

今天改五班的作文，翻开一本，却意外发现了一封信。

敬爱的老师：

您好！很惊奇吗？不要吃惊，我只是借此抒发一下自己内心的感情。我也不知道我是哪类人，但至少不会是那种内心赤裸的，因为，就像人类知道羞耻之后，就懂得披上兽皮；就像一旦有利益的存在，人们就懂得了伪装。您比我大，比我经历得多，那么换句话说就是伪装得比我深。但亲爱的老师，您多次无情地剥去了我那些遮羞的外衣，常常让我无地自容。不过，还得谢谢您，正是因为您，我才感到伪装的重要性，才让我会体会什么才叫羞耻。不过，话又说回来，我真的希望老师在脱我伪装时能轻一点，因为里面包着的毕竟是肉啊！

我的评语是：感谢你的真诚，也为我的尖刻而抱歉，接受你的批评！

合上作文本，我想，我做得是否过分了？这是班上那个经常在上课的时候跟我开些无厘头玩笑被我训斥多次的男生。在班上，他总是一副软硬不吃的样子，很多次我都对他大动肝火，而今天这篇文章，却让我感觉到任何人都拥有的柔软的一面。

我想我该找他谈谈心。我会告诉他，每个人在被剥下伪装，暴露在大庭广众之下的时候，都要知道羞耻。我会告诉他："如果我的语言伤害了你，我愿意道歉，但是我并不认为我做的是错的，因为"重症"必须下"猛药"。如果和风细雨不能使你明白，那么当头棒喝也许效果会更好。虽然头肯定会疼一阵子，但是相对于你获得的，这种痛苦实在太微不足道。"

我还会告诉他："在你们身上，我看到了我过去的影子，我欣赏你的坦诚和直率，但是也要批评你的随意和散漫，就像我说过的一样，我不是以成功者的姿态来教训你，而是以失败者的身份来警醒你。"我还会告诉他"知耻而后勇"。我也曾经有过感觉耻辱的时候，但是作为男子汉，应该勇敢地面对自己，面对耻辱。最后，我还会告诉他："恭喜你这学期考试语文考了100分，恭喜你的进步！"

班主任在与学生谈心或教学工作中，究竟能不能说尖刻的话？这是个见仁见智的问题。

分析起来，在以下两种情况下是可以的：

1. 学生特别善于狡辩，主动挑衅教师权威时；

2. 学生侮辱教师人格时。

这时候，尖刻的语言，寒光闪闪的词锋，一针见血的剖析，往往可以有效地制止对方的挑衅。学生知道了班主任的厉害，以后就会有所收敛。

有趣的是，你把这些学生"打败"之后，他反而会更尊重你。像摩西老师收到的这份"自白书"，虽然还惴着提意见的"冲锋"

架势，其实已露出"投降"之态，语调近于哀求。很明显，摩西老师胜利了。

每一位班主任都必须学会自卫。个别学生受社会影响，有时会拿出成年人唇枪舌剑那一套来对付班主任，班主任必须应战。这种现象往往在初中就有，高中就更多一些。高中班主任，尤其是私立学校和职业学校的班主任，没有一点"嘴上功夫"恐怕是不行的。

因此，辩驳能力是班主任的基本功之一，应该进行专题培训和专门研究。很多班主任说不过学生，败下阵来，只好躲到一个角落里哭，这实在不该。

我们不知道摩西老师说的尖刻语言的具体内容，但可以推断，那一定很精彩。但摩西老师的态度并不是居高临下的，他的尖刻里还包含尊重，因此让学生心服口服。

当然，班主任的语言不能出格，应符合以下几条标准：

1. 决不能侮辱学生人格，不能搞人身攻击；

2. 就事论事，不翻旧账；

3. 在尖刻中，必须有智慧的闪光，要有"聪明的尖刻"；

4. 不失教师身份，不失态。

检验标准是，如果你打掉了挑衅者的气焰，没有几名学生同情他，大家反而更亲近佩服你，那就证明你做对了；如果你"尖刻"之后，有更多的同学反而同情被批评者了，那恐怕就证明你做得过火了。

五、班主任说话有时不能太直接

班主任在与学生的谈心过程中，批评是司空见惯的方式，但是批评要讲究艺术。在对学生批评时，如果能拐个弯儿，巧妙运用富有迁移性和感染性的语言，变指令为建议，变贬抑为褒扬，变对立为友善，以委婉的语气，运用合适的角度表达真实的意思，则会取得意想不到的效果。而学生也能从班主任的表情和姿态中，准确地领悟到其语言的内在含义，达到比直截了当更为有效的说服和沟通的目的。

太极拳技法要求"欲进先退，欲前先后"，古话则有"将欲取之，必固予之"。说话委婉，拐个弯儿，对于建立和谐的师生关系，提高教育效能有重要意义。

（一）委婉地说直白的话

【案例】

王彬同学嗓门大，不拘小节，经常在宿舍熄灯铃响后还滔滔不绝地发表高见，整个宿舍的同学都对他不满。晨会课上，我对王彬说："王彬，你知道吗？你们宿舍所有人都爱听你唱'独角戏'，比听帕瓦罗蒂唱歌还过瘾，真可谓余音绕梁，三月不知肉味。"全班同学一阵大笑，王彬的脸一下红了，马上站起来说："老师，我违反了宿舍管理条例，影响了其他同学休息。对不起！请同学们原谅。今后我一定改正。"

英国著名教育理论家约翰·洛克指出，如果教师使学生无地自容，他们便会失望，而制裁他们的工具就没有了。他们愈是觉得自己名誉已经受到打击，则他们设法维持别人好评的思想就愈加淡薄。不妨设想一下，对一个名誉已经扫地、自尊心丧失殆尽的学生，还能有什么方法教好他？所以，班主任用委婉的语言代替直白的批评，善意地揭露出学生思想行为中的错误，点拨和提醒对方注意，让学生在笑声中领悟到自身的不当言行，提高认识，既保全了学生的自尊，又达到了教育的目的，可谓一举两得。

（二）创新地说老套的话

【案例】

平常做习题时，因为有些题目有一定的难度，一部分学生就偷懒不做。于是，我把那些题目都收集在一起，上面写上一行很醒目的字："谨告！这些题十分难，非有聪明才智的同学，请勿尝试！"结果，学生很快就把这些题完成了。

还有一次，班里的一个学生过生日，邀请了十几个同学去酒店吃饭，然后又到歌厅唱了半宿歌。这些学生不仅没做家庭作业，第二天上课时，还呵欠连连。面对这突如其来的偶发事件，我没有咄咄逼人地训斥，而是这样讲道："昨天晚上，××'高财生'（家里有钱）邀请了一部分同学去为他祝寿，结果今天有些人成了'特困生'（上课打瞌睡）。我丑话说在前头，今天，你们这些人就等着做可爱的'留学生'（留校补课的学生）吧。"

青少年学生性格开朗，充满热情，他们渴望寻找新鲜的人生体验，乐于接受新异的沟通方式。所以，用青年人喜闻乐见、鲜活风趣的语言去说，不经意间，他们会把班主任视为知音，从而更乐于接受班主任的批评。

（三）风趣地说严肃的话

【案例】

刘杰在教室追逐奔跑，看见我，急忙三蹦两跳，用手在桌子上一按，人弹起，脚一下跨到了椅子上。三番五次的常规教育没有效果。当时，我心里那个火，直往外冒。

但我迫使自己冷静下来。我笑着说："同学们，刘翔是中国的'跨栏王'，现在刘氏家族又将出现一个'跨栏王'，那就是——刘杰（我故意拖长了声调）。你们看，他把简陋的桌椅当跨栏，抓住课间10分钟时间练奔跑速度及跨栏技术。有这种毅力和信心，老师相信，下届奥运跨栏金牌非刘杰莫属。本人作为他的老师，真是荣幸至极啊！不过，老师在这里要提醒你，简陋的设备很容易导致跌折腿脚之类的。到那时，你可就只能参加残疾人奥运会了。"教室里一片欢笑，刘杰羞红了脸，一直低着头。从那以后，教室里再也没有出现过类似的违背管理条例的行为了。

法国演讲家海因兹·雷曼麦有句名言："用风趣的方式说出严肃的真理，比直截了当地提出更易让人接受。"严肃的话，风趣地说，一方面可以表现班主任善解人意、宽以待人的品格，另一方面学生通过班主任风趣的语言，消除了对班主任畏惧的心理，缩短了师生间的心理距离。由此，学生认识到班主任丰富多彩的个性特征和内心世界，觉得班主任不是只有可敬畏的一面，而且还有风趣可亲的一面，有助于缓解气氛，减轻被批评学生的心理压力，让学生在笑声中感受和理解老师的用意，形成互助合作、人格平等、感情融洽的师生关系。

（四）赞扬地说批评的话

【案例】

李江同学的作业做得不认真，字迹潦草，指正多次也没有用。作文课上，我抓住机会，指着他的卷面说："我很喜欢你的'狂草'，洋洋洒洒，龙飞凤舞，很有王羲之的风范。可惜我要求你写的不是书法作品……"此后，他认真练字，进步很快。

班级经常有一部分同学，不做或少做作业，需要教师去催要。

对此，我决定换个角度来教育他们。班会课上，我向全班同学表达了我的"感谢"："近段时间来，有好多同学用不同的形式表达着对老师的关心。例如，有的为了减轻老师的工作负担，故意少做或不做作业，替我省下了好多批改作业的时间。对此，我非常感动。在感动之余，我也想为同学们多付出一点。恳请各位，看在我闲得无聊的份上，给我多一些作业本吧！"一席话说得大家开怀大笑，同时也让不完成作业的同学有所感悟。

赞扬地说批评的话，巧妙地揭露出事物的内在矛盾，造成既出乎意料，又合乎情理的令人含笑不止、回味无穷的效果。笑声大大改善了教育气氛。班主任不是高高在上的指挥者，学生也不只是规规矩矩的唯命是从者。只有理解了才笑，而笑的情感体验又加深了理解。这是学生自己领悟后才得到的，比单纯灌输更能占领学生的头脑。

教育艺术千姿百态，语言艺术千变万化。说话拐个弯儿，自然不同于失望与愤怒，也不同于冷笑和蔑视，更不同于挖苦和嘲讽。班主任以真诚和善良的态度看待学生的缺点，了解错误的实质，用简洁的语言形象巧妙地揭示，用委婉、创新、风趣的方式进行教育，表现出对学生的一种希望和总体的肯定。笑声带来师生之间的融洽与和谐，受教育者自己也解颐一笑，在脸发烫、发烧的同时，内心蓄积起改过自新的动机，实现教育的最终目标。

当然，班主任还需及时捕捉教育契机，熟练地把握教育规律，机智地变换说话方式，与学生的理解水平相适应，只有被学生理解了，才能取得应有的教育效果。

第二章

班主任应注重
学生心理健康

第一节　班主任要关注学生的心理发展

如何促进学生心理健康成长，使学生在成长过程中更多一些阳光，少一点曲折，是每一位为人师者应深入思考的问题。作为班主任，我们首先要从自身开始，有健康的心理，提高自身的道德修养，用积极、乐观的情绪感染学生；其次，还要尊重学生之间的差异，因材施教，尽可能使每个学生在各方面都得到发展；最后，也要关注学生心理素质的提高，培养他们面对失败、挫折、困难的承受能力，从而实现学生身心的可持续发展。

一、班主任要有健康的心理，才能促进学生心理健康

心理健康教育是根据学生心理的发展特点，运用有关心理教育方法和手段，培养学生良好的心理素质，促进学生身心全面和谐发展和素质全面提高的教育活动。班主任是教师、班级管理者和心理辅导员三种角色的集合体，与其他教师的个性品质有较多相似之处，与心理辅导员则有一定的差异，主要承担着班级管理者的责任。班主任在对学生进行心理健康教育时起着十分重要的作用。心理健康教育以了解学生为基础，以创设和谐气氛与良好关系为前提，教师以自身健康的心理去影响学生，本身就是一种最有说服力的心理健康教育。所以，班主任应有意识地运用心理学的理论，对学生进行心理指导，帮助学生提高心理素质，有效地解决学生成长中的心理问题，从而帮助学生形成良好的个性品质。

近年来，我国学校教育和儿童发展事业由于社会发展带来的种种变化而受到冲击和挑战。调查表明，在我国中小学生中，有相当部分青少年儿童都存在着不同程度的心理行为问题，如厌学、说谎、自私、作弊、任性、逃学、偷窃、耐挫力差、攻击、退缩、

焦虑、抑郁等种种内隐的和外显的心理行为问题。这些问题严重地影响着青少年自身的健康发展，给正常的教育教学工作带来巨大的困扰，直接影响学校教育任务的完成与教育目标的实现。所以，在学校教育中开展心理健康教育是十分迫切的，具有重要的意义。

造成学生出现心理问题的原因是多方面的，但最主要的是学习压力、家庭环境、社会影响和教师的教育方法。专家分析指出，三分之二的成人心理疾病产生于中小学时期，而小学生心理疾病的根源大多数在家长，中学生心理疾病的根源大多数在教师。

现代生活日益紧张、繁忙，给人们带来许多心理变化。面对教学的激烈竞争及来自社会各方面有形和无形的压力，一些教师产生心理冲突和压抑感。教师不健康的心理状态必然导致不适当的教育行为，对学生心理产生不良影响。

教师的职业特征要求教师要有极强的自我调节情绪的能力，学校要重视教师自身的心理健康，指导教师运用科学知识调整自己的心态，使自己始终处于一种积极、乐观、向上、平和、稳定、健康的状态，以旺盛的精力、丰富的情感、健康的情绪投入到教育教学工作中，真正成为人类灵魂的工程师。

【案例】

一名平时表现还不错的、身心都很健康的学生，由于一时的冲动偷了同学的钱，事后良心的自责使他找到老师并承认了错误。但由于老师处理不当，他从此被戴上了"小偷"的帽子，父母的责骂，老师的不屑和同学的疏远，使他心理背上了沉重的负担。从此，他郁郁寡欢、自暴自弃，不但学习成绩下降，而且变得怕和人打交道，甚至出现幻听、幻视，总怀疑别人在背后议论他又在偷东西，最终发展到再也无法上学，陷入心理危机。

而有同样经历的另一名学生，在承认错误的时候得到了老师的谅解，老师不但没有将事态扩大，而且还把信任和改正的机会给他，把管理班费的任务交给了他。在老师的不断鼓励和积极支持下，这名学生终于摆脱了上次错误在心灵上留下的阴影，能抬起头走路，堂堂正正地坦然处理关于钱的问题，其他方面的发展不但没受到消极影响，反而因老师的谅解和信任使其更加自尊、自信。

可见，班主任作为教育实施的主体，其自身的素质对开展心理健康教育起着举足轻重的作用。很难想象，自身心理健康水平低、对心理健康教育缺乏科学认识的班主任，可以培养出具有良好心理素质的学生。所以，重视班主任自身素质的提高是真正深入、有效开展学校心理健康教育的前提和保障。

班主任的心理状态必然影响他的教育行为，班主任的职业角色决定班主任必须有健康的心理。班主任要提高自身的道德修养和心理健康水准，其积极、乐观的情绪可以感染学生，因此班主任必须学习有关的理论和方法技巧，提高自身的心理调节能力，力争做到以下几方面：

1. 保持乐观积极的心态；

2. 不将生活中的不愉快的情绪带入课堂，不迁怒于学生；

3. 能冷静地处理课堂中的不良事件；

4. 克服偏爱情绪，一视同仁地对待学生；

5. 不将工作中的不良情绪带入家中。班主任要加强学习，从而在实践中更好地提高引导水平，发挥指导作用。

此外，班主任平时要注意教学技巧的积累和运用。例如，通过行为强化和榜样示范作用对学生进行心理健康教育，通过鼓励、表扬、提醒、暗示和竞赛，使学生形成良好的行为习惯等。

班主任自身的素质直接决定其教育行为。只有掌握关于青少年儿童心理发展的科学知识、按照科学的规律和方法开展教育工作并处理学生日常表现出的心理行为问题和意外事件，班主任才能真正做到将心理健康教育落到实处，才能真正促进学生心理健康的发展。

二、客观对待学生之间的差异，因材施教

在日常教学工作中，时常有教师说，这个学生很聪明，反应很快，那个学生迟钝；这个学生善于思考，那个学生注意力不集中；这个学生活泼，善于交际，那个学生沉默少言，独来独往。这里反映的，就是人与人之间表现出来的心理上的差异。即使是同一年龄发展阶段的孩子，虽然他们有着大致相同的心理特点，但同中有异，心理上总是带有个人色彩。

关于人的心理差异形成的原因，有人认为这是由人的遗传基因决定的，有人认为这是由人所处的环境决定的。研究表明，人的遗传因素、生理条件或天赋素质，只是构成人的个别差异的物质基础，而环境也不是机械地、单独地完全决定人的心理个别差异。人的心理差异是人们在各自不同的素质基础上，在各自不同的社会物质生活、文化教育环境中，接受不尽相同的影响，从事不尽相同的社会实践活动的结果。每个人正是由这些后天的决定因素形成了不同的性格、兴趣、能力等特点。

学生之间，不仅在认识上存在着差异，在精神面貌、道德品质，乃至生理等方面也都存在着差异。正确认识这些差异，区别这些差异，运用这些差异，才能使每一名学生在自己原有的基础上得到应有的提高。

因此，了解学生心理特征是班主任工作的首要环节。历来的

教育家都很重视研究学生心理的个别差异。孔子要求对每名学生的差异进行详细的观察："视其所以，观其所由，察其所安。""退而省其私。"他认为在教育实践中要注重学生的个别差异和教育的关系的研究。许多教育工作者会分析学生的心理差异而且分析这些差异形成的学生个性特点，提出改变和发展这些特点的教育措施，从而取得良好的教育效果。

班主任要了解学生的心理特点，可以采取各种各样的方式，对全班同学进行普查。除了个别交谈外，还可以用问卷、家访等方式。调查中可以了解学生心里话是否有地方说，换句话就是是否有人听他们讲，同时可以了解到学生个性的自我调节能力以及性格是外向还是内向。只有了解了学生的个体差异才能有的放矢地进行心理健康教育和辅导。

【案例】

一名学生明显不会进行自我调节，甚至有些轻微的神经质。她有了不痛快的事就叨唠，严重时大哭，不管上课还是下课。传统的教育方法在她身上行不通，我就采用疏导的方法。比如，她认为应受表扬时，就在课上找机会给她补上，或在课外补上；课堂上她有过几次哭闹，我就把她领到办公室，听她诉说，有时就为一点小事，我也会耐心地听下来。这并不是纵容学生的坏毛病，对心理活动的不恰当表现只能用疏导的方法帮她调节。由于我这么做，班上大部分同学也都对她很理解，形成了一种和谐、温馨的心理环境。

高三第一次模拟考试后，她认为考得不好，一见到老师就哭了。这时候我觉得无须用语言去安慰，她用这种方法发泄也好，就顺水推舟让她哭个痛快，我站在对面扶着她的肩膀看着她哭。她哭完，看看周围，又笑了，大家也都笑了。她的心情终于能平静下来了。

她考上大学后，寄给我的元旦贺卡上写着："老师，您用爱心和耐心培养了我，使我全身心都得到健康的成长。祝福您永远健康、快乐！"

案例中的班主任，对学生的心理特点有清楚的了解，并采用不同于一般的教育方式对其进行有针对性的辅导，使其学会了自我调节并最终走出了心理困境。这启发我们，在平时的教育教学工作中，要尊重学生的性格差异，及时了解学生的思想动态，把问题遏止在萌芽的状态，促进学生健康快乐地成长。

目前，中小学生的心理问题主要表现在以下几个方面：一是学习压力大；二是偏执，总觉得大多数人不可信任，自以为是；三是敌对，经常与人抬杠或者有暴力倾向；四是人际关系敏感；五是抑郁，认为学业、前途、未来没有希望，整日没精打采；六是焦虑，心理烦躁；七是自我强迫，明知没有必要做还要去做；八是适应不良；九是情绪不稳定；十是心理不平衡，对他人比自己强大或获得了高于自己的荣誉而感到不平。学生大多有心理压力，不同年龄阶段的学生的想法也各不相同。

每名学生心理的个别差异既是教育的结果，也是教育的一种条件。只有针对学生不同特点采取不同的教育措施，才能取得好的教育效果，这就是"因材施教"。"材"就是指教育对象的具体条件，其中包括学生的兴趣、性格、能力等心理上的特点。"因材施教"就是承认差异，重视差异，在教育或教学上，都从学生的实际出发，有的放矢，区别对待，尽可能使每名学生按不同的条件在各方面都得到发展。研究学生心理的个别差异，有利于早出人才，快出人才，有利于学生素质的整体提高。

三、经常带给学生成功的体验

学生是学习的主人。所以，班主任在日常教学过程中，应该坚持学生的主体性原则。

主体性原则是指学校心理健康教育要以学生为主体，所有工作要以学生的发展为出发点，同时要使学生的主体地位得到实实在在的体现，把教师的科学教育与辅导和学生的积极主动参与真正有机结合起来。

主体性原则集中而直接地体现了学校心理健康教育的关键特征，它要求教育者的心理健康教育要充分尊重学生的主体地位，充分发挥学生主体作用。这是因为，首先，心理健康教育的目的在于促进学生成长和发展，而成长和发展从根本上说是一种自觉和主动的过程，如果学生没有主动意识和精神，处在被动的地位，教育就成为一种强制性行为，变得毫无意义。其次，心理健康教育是一种助人与自助的活动，"助人"是手段，让学生"自助"才是目的。要达到自助的目的，只有让学生以主体的身份直接参与这一活动，此目的方可达到。另外，青少年时期是学生自我意识独立性迅速发展的时期，心理健康教育贯彻主体性原则，不仅发挥了学生的主体作用，还使学生追求的需要得到满足。

贯彻主体性原则，要做到：首先从学生的实际状况和需要出发，以学生现实生活和存在的问题为基准，展开所有的心理健康教育工作和活动，以学生心理健康水平和心理素质提高为目的；尊重学生主体地位，发挥学生的主体作用，鼓励学生自我选择和自我指导，促使学生自知、自觉、自助，不能采取强制手段，也不能代替学生解决他们自身存在的问题。

因此，班主任在教育教学工作中，要充分重视学生这一主体特征，把握教师作为引导者的作用，创造各种各样的机会让学生完成自我教育。

【案例】

小敏是一个酷爱流行音乐的高中生，她在期中考试前的两个星期才开始学习，一边学习一边听流行歌曲，美其名曰"自我放松"。她暗自发誓要考出好成绩，至于好到什么程度就没太多想了。她认为复习文科科目只要死记硬背就可以，数学、物理就很麻烦了。她觉得自己缺乏学习数学的能力，遇到自己不会解的题目，也不好意思去问老师和同学，害怕被人笑话，不愿意在上面花费太多的时间。最后，她的成绩非常糟糕，尤其是数学，她很失望，一说起学习就头疼，觉得自己再也不可能学好数学了。

作为班主任，我费尽脑筋。根据个人因素和外部环境对学习动机的影响理论，我对小敏进行了以下辅导。

1. 帮助其确定明确的学习目标

没有一定明确的学习目标，不能够很好激发学习动机是其学习差的主要原因。针对小敏"暗自发誓要考出好成绩，至于好到什么程度就没太多想了"的心理特点，我通过与她谈心，共同确定了"下一次考试总体成绩要比现在进步五名"的学习目标，并督促其努力实现。

2. 增强学习的自信心

在学习信念上，小敏把学习方法和其他原因导致的学习成绩不理想归因于自己的学习能力不行，认为自己的自我效能差，久而久之，导致习得性无助，即防御性悲观。"她很失望，一说起学习就头疼，觉得自己再也不可能学好数学了。"因此，小敏需要成功体验，以此增强学习的自信心。以后，对小敏的每一次小小的进步我都做到了及时的表扬。

3. 关注情绪状态，培养小敏对数学的兴趣

"期中考试前的两个星期才开始学习，一边学习一边听流行歌曲。"这样是不会学习好的。我找小敏谈话，告诉她要想取得好的成绩，临时抱佛脚是不行的，让她明白"冰冻三尺，非一日之寒"的道理。

在我的努力和帮助下，小敏端正了自己的学习态度，改进了学习方法，进步很大。

案例中的班主任，重视学生的情感特征，对学生给予关注，从简单的学习任务开始，循序渐进，使学生获得了成功的体验，提高了学生学习的兴趣同时也增强了学生的自信心，值得学习借鉴。

四、加强学生的受挫教育，增强其抗挫能力

心理学家认为：个体的心理特点是在特定的自然基础上，受到具体的教育和其他社会生活条件的影响，在实践中逐步形成和发展起来的。中小学生正处在身心发展的关键时期，由于种种因素的影响和制约，在他们面临困难和挫折时，心理承受能力存在明显差异，具体表现在：有的能承受生活、学习上遇到的挫折，及时从中吸取教训，以正确的心态去面对；有的稍遇挫折，就悲观沮丧，意志消沉；更有甚者，因屡遭挫折，表现出压抑、回避、萎靡不振等反应，这对他们个性的形成和身心的健康成长将产生不良的影响，长此以往会导致心理障碍。

因此，摆在每一位班主任面前的一项紧迫任务是针对个体面对困难、挫折时存在的心理差异，及时采取切实可行的方法，逐步培养他们的抗挫能力，以促进其身心的可持续发展。班主任在进行心理健康教育和辅导时要针对个体心理差异培养学生的抗挫折能力。

当今许多中小学生一直乘坐在"顺风船"上，沉浸在父母温暖的怀抱之中，生活中充满了溺爱、迁就和包办。他们很少尝试挫折的滋味和失败的痛苦，将来一旦步入社会，遇到困难和挫折，便会沮丧、自暴自弃、一蹶不振。因此，作为一名班主任，及早对中小学生进行"挫折教育"，刻不容缓，这是德育教育中的一部分，是培养新时代人才不可缺少的一个重要内容，也是使中小学生身心得以健康发展的重要支撑。

培养学生的抗挫能力，还应该注意做好以下几个方面的工作。

（一）教育学生正确对待挫折

在挫折、困难面前是悲观失望，一蹶不振，还是勇敢地面对，以顽强的意志去克服它，或者变换策略，都有赖于中小学生如何正确看待挫折。

1. 要勇敢地面对困难

即在困难面前有迎难而上的勇气。既要有和困难做斗争的思想准备，又要靠自身的力量和决心去克服它。不少学生之所以在挫折面前变得消沉、脆弱，关键在于他们一开始就缺少与困难做斗争的心理准备，对困难不够重视；因而当生活或学习陷入困境时，学生便怨天尤人、悲观失望、焦急不安，从而消磨了自己的意志和自信心。

2. 要不惧怕失败

古人云："天将降大任于斯人也，必先苦其心志，劳其筋骨，饿其体肤……"中小学生要想学有所成，不可能一蹴而就、一帆风顺，在通往成功的道路上，必然会遭遇荆棘与坎坷。生活中真正的强者应在失败中不断积累丰富的经验与教训，能经得起风吹浪打。古今中外无数科学家成功的关键秘诀就在于他们不惧怕失败，具有锲而不舍、迎难而上的精神，勇于在失败中吸取经验和教训。

3. 要用百倍的勇气去面对不幸

父母离异或天灾人祸造成的不幸往往给学生幼小的心灵带来难以想象的心理伤痕和压力。班主任要用爱心抚平他们心灵的创伤，时时告诫自己的学生，对于不幸，既不要害怕，也不必回避，要用笑脸迎接悲惨的命运，用百倍的勇气去应付面临的不幸，以积极的态度迎难而上。

（二）培养学生顽强的意志和良好的品德

意志品质对一个人的行动起着重要的调节、控制和支配作用。事实证明，意志顽强的人，其抗挫折能力也强；而意志薄弱的人，抗挫折能力也弱。

1. 帮助学生树立远大的理想

中小学生只有胸怀远大，才能在学习、生活中迸发出火一般的热情，才会在挫折、失败面前不低头，才能充分发挥自己的主观能动性，为实现自己的理想奋斗不止。

2. 要教育学生认真遵纪守法，严格要求自己

班主任既要关心、爱护学生，及时了解学生存在的困难，又要对他们严格要求，这个要求是通过纪律来实现的，这样做有利于培养其意志的自觉性。除此之外，还要教育学生从点滴小事做起，时时、事事严格要求自己，"勿以恶小而为之，勿以善小而不为"，逐步培养自己良好的思想品质，努力克服困难，磨炼意志。

3. 有计划地组织社会实践活动

社会是锻炼和造就人才的大环境，班主任要有目的、有计划地组织内容丰富、形式灵活的实践活动，让学生在实践中开阔视野，陶冶情操，不断增强社会责任感和历史使命感。真正让他们在实践中自觉地养成良好的思想品质，使他们的心理逐渐变得坚强、成熟。

（三）针对学生个别差异，强化思想引导

1.完善个性，养成乐观向上的人生态度

一样的挫折，在弱者看来是很大的心理压力，而对于强者而言，则往往会成为激发自己战胜自我，扬长避短的强大动力。因为他们坚信，乐观和自信能指引自己走向成功，不经历风雨，怎能见彩虹，苦难、挫折是一笔宝贵的人生财富。因此，对于心理承受能力较弱或感情脆弱、缺乏自信的学生，班主任一定要强化个别指导和教育，帮助他们树立乐观、自信的人生态度，引导他们尽快从迷茫、困惑中走出来，继续朝着理想的彼岸扬帆奋进。

2.引导学生正确、客观地评价自己

中小学生正处"含苞待放"之时，对生活充满希望与梦想，对生活、学习抱着很高的期望，但对自己现有的水平和能力不能做出客观的评价，求胜心切，对困难估计过低，致使在困难、失败到来时，心灰意冷，痛哭流涕。因此，班主任对那些争强好胜，但现有水平、能力不高的学生，要加强个别指导，教育他们客观、冷静地评价自己，做事不要感情用事，不要把学习目标定得过高，要循序渐进，充分考虑前进道路上可能遇到的困难，做好必要的心理准备。引导他们在当一种行为或动机经过努力仍不能成功时，就应调整目标或改变行为方向，通过其他途径达到目标。

第二节　班主任与学生谈话应是心灵上的沟通

班主任如何与学生进行有效的沟通？首先要从心开始，用爱浇灌每一朵花。所谓从心开始就是常与学生谈心，善与学生谈心，乐与学生谈心。其次还要做学生的"偶像""兄长""朋友"，善于在言语上给予鼓励和赞美，善于挖掘学生的闪光点，善于用足够的诚心、耐心以及热心去点化学生的心灵，从而加强与学生的沟通。

一、要用心呵护学生的心灵

法国教育家让－雅克·卢梭说过，用爱心去弥补才能，是胜过用才能去弥补爱心的。我们来看下面这位班主任是怎样用爱心和耐心对学生进行教育的。

【案例】

我与学生之间，曾发生过这样一件事：有一天，一个学生弄不明白一道题，而我在课上已讲过这道题。我想，一个后进生难得向我问问题，这是好现象。于是我就停下手头的工作，为他讲解。因为他平时学习很差，对许多知识都不求甚解，所以我给他讲得格外耐心和细致，并不时地问他："明白了吗？"最后他说："明白了。"我深呼吸了一口气，尽管讲得很累，但内心很高兴。然而，事情并没有结束。

第二天，在上课的时候，我出了一道与那道题的答案一样只是问法有些改动的习题，满怀希望地让那位同学来回答，想借此机会表扬一下他。当我叫到他的时候，他磨磨蹭蹭地站了起来，低着头不说话。见此情景，我又重复了一遍题，并轻声地提示他："仔细想想，我昨天给你讲的内容对这道题的回答有没有帮助？"他还是低着头不说话，但脸很红。这时，同学们的目光都投向了他。

沉默了好一会儿，他才低声说道："我昨天就没听明白。"我一听，气得真想发火，声音也提高了许多："不懂你怎么装懂？就你这种学习态度，学习成绩怎么能提高？"而他的回答，使本来正在气头上的我气消了一大半，内心受到了极大的触动："昨天看到您已经很累了，说话的声音都有点哑了，看您实在太辛苦了，我不忍心再说不懂了。"学生的声音很轻，但我听得很清楚，我从学生们的眼神中觉察到他们也听得清清楚楚。

我意识到这是师生对话的一个绝好时机。于是我请那位同学坐下，面向全班同学说："刚才××同学虽没有回答出问题，但我相信他已经进步了，而且会有更大的进步。原因就在于，他在关心我这样一位普通教师。我很感动，我听到了一个学生的心声。面对这样的同学，我没有抱怨的理由。我为有这样的学生而高兴。"

接下来的课，那个学生听得非常认真，其他同学也都格外专心，这是我认为上得最好的一堂课。那天我真正体会到了教师工作的意义，是学生教育了我，我从他们身上学到了许多可贵的东西。

可以说，案例中给人的触动是很大的，它使我们认识到，班主任没有任何理由去伤害学生的心灵。特别是后进生，他们心理十分敏感和脆弱，当学习上有困难时，班主任只有用自己的心灵去感悟师生交往中那些动人的情节，努力挖掘学生身上所蕴含的闪光点，并将班主任自己的心理感受，不失时机地传达给学生，才能触及学生的心灵及思想深处，从而激发他们的学习热情，为他们营造自发学习的心理环境。

二、对学生要有爱心

班主任对学生怀有赤诚之心，学生以其内心的敏感，经过自己的观察和体验，体会到了班主任的善意和对自己的真诚爱护，就会对班主任产生亲近感，并乐于接受班主任的教诲。这就是所谓的"亲其师而信其道"。反之，如果班主任对学生缺乏爱心，态度冷漠，甚至随意损伤学生的自尊心，就会引起学生内心的反感，从而拒绝接受班主任给予的一切，使教育工作无从展开。

我们先来听一位班主任讲述的故事。

【案例】

我们班的 A 同学是一个学困生。虽然他学习很努力，但各科成绩还是很差。为此，任课老师对他着急，家长也不知所措，学生对自己也失去了信心。作为班主任，我想尽各种办法帮助她。

有一天，当她正在认真听我讲课时，我适时提了一个问题叫她来回答，她稍思索后，紧张地站起来，满面通红地一字一句圆满回答了我提出的问题，我马上抓住机会当众表扬了她。可以看出，她当时真是激动万分。因为此时此刻，同学都对她投以赞许的目光，这可是她很少能体会到的感觉。

从此以后，我发现她上课总是认真地听讲。当她会回答某个问题时，我就能发现她那渴望提问的眼神，而回答对了以后的那种兴奋清晰可见。渐渐地，她的学习成绩也有所提高。

案例所描述的事情虽然很简单也很普通，但却极富代表性。相信在教育教学工作中，很多班主任都会遇到类似的问题。

是的，学生喜欢一个富有爱心而才能平平的教师，胜过喜欢一个富有才华而缺乏爱心的教师。而我们作为班主任，作为教师，对学生体现爱心的一个重要方面是挖掘学生身上的闪光点，点燃他们的学习热情。"教育"二字的真正含义，不仅仅是要领悟情感教育的重要意义及人文主义的本位作用，也不仅仅是知识的传授，更应该是心灵的对话和爱的沟通。让我们的教育多一些鼓励，少一些批评吧！

三、常鼓励学生"你能行！"

美国思想家拉尔夫·爱默生认为："自信是成功的又一秘诀。"有人曾问居里夫人："你成功的诀窍是什么？"她肯定地回答：

"恒心和自信心，尤其是自信心。"古往今来，凡是有所成就的人，无不是充满自信的人。

自信心就是相信自己所追求的目标是正确的，也相信自己有力量与能力去实现正在追求的那个正确目标，它是一种稳定的个性品质或性格特征。自信心是所有伟人发明创造的巨大动力，有了自信，才会勇敢、坚强、敢于创新；没有自信，做事情就没有动力，就难以成功。自信能激发人的潜能，没有自信的人可能会在无形中丧失已有的能力。

一位英国心理学家做了这样一个实验：要求被试者在三种不同状态下尽心全力抓紧握力计。在一般的清醒状态下，被试者的平均握力是101磅。第二次和第三次实验则将被试者催眠。催眠是一种特殊的状态，通过实验者的言语诱导和暗示，被试者可以进入意识暂时丧失的状态。在这种状态下，实验者发出指令，被试者会遵照执行。在第二次实验中告诉被试者，他们的身体非常虚弱，实验结果是，他们的平均握力只有29磅。第三次实验将被试者催眠后告诉他们，他们的身体非常强壮，结果他们的平均握力达到149磅。

从以上实验可见，人具有巨大的潜能，而自信是把这种潜能激发出来的有效途径。在很多时候，认为自己能做到，就真的能做到。

和自信相对的是自卑。从某种意义上说，自卑感人人都有，只是程度不同而已。适当的自卑感也是激励我们前进的动力；但如果自卑感觉太强，就会危害我们的心理健康，妨碍能力的发挥，影响人际交往。

人们常常把自信比作"发挥主观能动性的闸门，启动聪明才智的马达"，这是很有道理的。消除学生的自卑感，增强他们的自信心，有助于学生的健康成长。

无论家长，还是学校教师，要学会欣赏孩子，要善于发现他们的闪光点，要让他们认识到自己能行，是好样的。试想当一个学生认识到自己也同样很优秀，当他内心成才成功的欲望被激起时，学生能学不好吗？要理解他们、尊重他们，不要对他们施加太多压力，要给学生足够的信任。

【案例】

老师，我能行吗

自从学校开展晨读活动以来，我每天早晨一到校总要进教室看看学生的晨读情况。今天早晨，我像往常一样走到教室门口，发现全班同学正在班干部的带领下认真地朗诵着课文。当时，我的心头不由得感到一丝欣慰。晨读习惯已逐步形成，这些贪玩的孩子终于知道读书了。于是我就满意地环视一下教室，正准备离开时，忽然，我发现坐在教室最后排的学生毛杰正低着头似乎在拨弄什么。"这调皮鬼，又在干什么？"走近一看，原来他正在翻弄着书页，根本不在乎班干部的管理。

"怎么办？是呵斥制止，还是……""他虽没在读，但今天毕竟没影响到其他同学的朗读，这不已是万事大吉了吗？"犹豫中，我慢慢地走过去摸摸他的头，这时的他也似乎意识到了什么，马上拿起书本跟着读了起来……

在随后的时间内，我发现他的表现比往常有了很大的转变。突然间我想到，何不趁这次晨读活动之际，让他也来参与晨读的管理？或许会对他有一定的激励作用。

于是，我当即把他排在每周二的上午，让他负责纪律。上课时，我向全班同学宣布调整后的晨读管理人员名单。当我读到"毛杰"

的名字时，一边有意识地察看他有何反应，一边观察同学们的表情。只见全班同学的表现非常异样，有的瞪眼张嘴耸肩膀，有的用疑惑的目光望着我，有的同桌间面面相觑，有的鼓掌祝贺，也有的竟然哄堂大笑……而他虽然很惊讶，但最明显的还是流露出高兴的神情。

我知道同学们对我的决定已是满腹疑问了，便随机叫了几位同学谈谈对老师这一决策的看法。虽然有同学怀疑他没有能力管理，但也有同学理解了我的真正用意。当我问他本人时，他却搔搔头，轻轻地说了句："老师，我能行吗？""行，你一定行！"他听了我那鼓舞人心的话，便用充满感激的目光望着我，似乎在向我和同学们承诺："同学们，我一定会努力的！"

从那以后，毛杰的学习态度有了明显的转变，成绩也有了很大的提升。

我们都有这样的共识：一个长期处于落后状态的学生，一个极少享受过成功喜悦的孩子，在长大之后，也很难有"自信"的形象和良好的心理素质。

在上述案例中，正是有了班主任的信任，学生才能克服自卑的心理障碍，勇敢地面对苦难，才获得了胜利，获得了信心，从而在人生的道路上不断地成长和进步。

四、班主任对每一位学生都要给予适当关注

由于发展水平不同，学生的思维方式、智力水平也有所区别，各有所长，各有所短，有的学生可能因为各种各样的因素无法很好地完成学习任务，不一定有辉煌的未来，可是谁能说一个平凡的人就低人一等呢？

【案例】

背诵古诗，我让小永在教室完成

放学的时候，我检查了一下古诗还没有背完的学生，共有6名，小永也在其中。因为古诗背诵比较容易，除小永外，其他几个学生都轻而易举地背完了。轮到小永了，我看了一下小永的眼神，他似乎很有信心。本来，考虑到小永的自尊，我想带他到走廊的某个角落或者到我办公室去指导他背诵的。但当我看到小永这样的眼神，想到古诗背诵对于小永来说，可能也不会有太大的问题，因此，我决定让小永在教室里把古诗背完。

我这样做，其实还有更重要的一个原因。因为当小永走到我身边想背诵的时候，周围的几个学生纷纷告诉我，以前凡是要背诵的课文，别的老师只是让他能顺利地读完就行了。就冲着周围学生的这句话，我想，让小永在教室把古诗背给周围的同学听，这对于小永来说，其作用一定会比背出两首古诗更加重大。

主意已定，我就让小永背古诗给我听。为了让他在同学面前表现得更出色一些，我为小永搭了一个台阶。我生怕小永有什么字不认识，等会儿影响了他的背诵，惹同学笑话，我就让小永先把古诗读一遍给我听。果然，小永有几个字还不认识，我和周围的同学一起教他。当背到于谦的《石灰吟》中"千锤万击出深山"这一句时，小永又卡住了。于是我就教他读，可我受了人教版教材的影响（我们当时用苏教版），人教版这一句是"千锤万凿出深山"，于是我就这样教了他。周围的学生都用好奇的眼神望着我，只有小永说："老师，你读错了。"

我忽然醒悟过来，诚恳地说道："真对不起，老师教错了，我读的是以前教材上的句子。"我又转身对周围的学生说："看，小永多仔细。老师读错了，他能听出来。"周围的学生都向小永投去了不一般的目光。

听他读完一遍，我就让小永背诵。说心里话，我的心里真有点紧张，我怕小永背不出来，本来想让小永更加自信的，怕适得其反影响了他的自信。一边围着的几个学生好像也很懂事，当小永开始背诵的时候，他们都停止了叽叽喳喳，只是屏息凝视，或许他们也在祝愿着小永能够顺利地背出来。小永倒还镇定，他用自信的目光望着我，开始背诵。

让我高兴的是，虽然小永因为先天的因素，口齿不是太清楚，但他很流畅地把两首古诗背完了。我开心地在小永的课本上写了一个大大的"优"。一边的学生纷纷议论着："真想不到，小永也能把书背出来。""小永背得比刚才的几个同学还好呢。"学生们一边议论，一边和我说着"拜拜"回家了。小永回座位理书包去了，我则开始辅导另一个学生的作业。当我辅导完那个学生想离开教室的时候，小永也理好书包想回家了。

小永走出教室门的时候，一个劲地望着我，我也用和蔼的目光望着他。小永走过我身边的时候，他的嘴唇喂嚅了半天才发出了很像"老师再见"的声音，我也热情地回应了他。

望着小永远去的身影，小永的眼神和他十分含糊的"老师再见"的声音，交替萦绕在我的心头。我为小永高兴，也为自己感动。都说教师的精神生活是富有的，这样富有的精神生活其实就在平时教育、引导学生的细节之中。有时，遇到了学习或者其他方面有困难的学生，教师应该多一份在意，多一份关心，多一份智慧，然后将这些化作看似很普通的教育行为。当看到自己的学生在我们的关爱下露出一丝微笑，呈现点滴成长时，我们的幸福感是一般人所不能体会的。而这，正是我们精神生活的源头，而且这样的源头是永远活泼和新鲜的。

可以说，上面的案例给我们的启示是很大的，班主任或教师对学生的每一份在意，每一份关注，都能收到意想不到的效果。

因此，班主任在对学生进行心理健康教育的过程中，除了要尊重学生的个体差异，还要有足够的爱心、耐心、热心以及诚心去唤醒学生的迷惘，增强他们的自信，要像对待一朵玫瑰花上颤动欲滴的露珠一样，用自己赤诚的爱去温暖、去关心、去感化他们的心，多给他们展示才能的机会，并重视甚至采纳他们的建议。这样，这些"顽石"才能成为"美玉"，这些迟开的花蕾也一定会绽放枝头。

第三节　班主任应在每时每刻对学生进行教育

课堂教学是教育的主渠道，班主任应该充分发挥好课堂教学的作用。但教育又可以是在课外的。所以说课堂之外，我们也要充分重视实践活动中学生的教育问题，使学生在科学文化知识增长的同时，其他各方面的能力和素质也得到相应的提高。除了学校教育之外，还要注重家长和社会力量的参与，调动一切可以调动的力量，创设学生自我教育的情景，共同推进学生的教育。只有这样，班主任才能促进学生更好、更快、更健康地成人和成才。

一、充分利用课堂对学生进行心理健康教育

目前，不少学校虽然也认识到了心理健康教育的重要性，但是很多班主任却机械地、简单地将之理解为一般性的课程教育，或者只开展一两次轰轰烈烈的活动，就认为大功告成了。殊不知，真正的心理健康教育对学生良好心理素质的培养绝不是每周一两节课或者搞几次活动就能实现的。事实上，大量的研究与实践经验都表明，心理健康教育和其他教育一样需要与学校日常的教育

教学活动相结合，需要"润物细无声"的意识和观念。良好心理素质的培养仅靠有限的时间和空间是难以实现的，它需要在点滴的生活实践经验中积累而成。所以，学校日常的教育教学活动应成为心理健康教育的主渠道。只有将心理健康教育的思想、内容渗透到班主任每天大量而具体的教育教学工作中去，才能把心理健康教育真正做到实处。

实践证明，只要充分发挥班主任自身的主动性、能动性和创造性，鼓励班主任开动脑筋、注意积累、重视交流，是可以将心理健康教育与学校日常的教育教学活动融合在一起的，这会对学校日常的教育教学活动带来巨大的促进作用。

班主任要极力营造和谐的教育氛围，使学生获得心理上的信任感与安全感。同时，在日常教学活动中，班主任要以人为本，关注每一位学生，及时化解他们的心理问题。

【案例】

在教学"9加几"时，我设计了这样一个情境：9名女生和5名男生结伴去欢乐谷玩。有两辆车，大车能坐10人，小车能坐4人，请学生安排座位。很多学生不假思索地让女生坐大车，并把多出一个男生安排到大车上。但马上有人提出大车可以坐5男5女，小车坐4女，理由是也许这一个男生不愿待在全是女生的大车上。我想通过情境告诉学生，要从生活角度来思考数学，让数学为生活服务。

优化课堂教学要优化教学设计。例如，结合数学学科进行智能训练，针对智力的不同成分，如注意力、观察力、记忆力、想象力等而设计不同的训练活动。如针对低年级学生注意力不集中的情况，我利用光盘"有声有色"的特点，要求学生在认真听的基础上注意观察画面，用自己的话说出听到和看到的画面的内容，看谁表述得最准确。经过一段时间的训练，学生的注意力、观察力、记忆力有了很大的提高，对题意的理解更加准确，思维能力和口头表达能力也得到了有效的训练，相得益彰。再如针对学生在小组活动中不积极交流和不愿倾听他人发言的情况，在口算练习中，我采取了分组口头练习，由小组中一人口头出题，其余学生答题的方式轮流进行，最后评选出口算最快最准的同学，这样不仅能训练学生的口算能力和反应能力，还可以培养低年级学生积极倾听的习惯，提高他们的注意力。

教学设计的方式多种多样，可以根据教学内容，让学生在自主探究、合作交流中经历做数学题的过程，让他们体会发现的快感，也可以通过各种学生感兴趣的方式，如做游戏、讲故事、猜谜、做智力题、开展数学活动课等让学生产生愉悦感和成就感，更有自信心并乐于克服各种困难，这些集体活动对小学生健全人格的形成有重要作用。

案例中的班主任充分利用数学这一学科的特点，在课堂的教学过程中渗透了心理健康教育，取得了良好的效果。

瑞士心理学家让·皮亚杰的认知发展理论认为，学校乃是启发学生智慧的场所，而不只是教学生学习的地方。以学生为中心，就是强调成功的教学不在于教师教给学生多少知识，而在于教师能否在平常教学中培养学生健全的人格。

心理健康教育不是一种附加的教育，而是一项完整的育人工程，应渗透在学校教育教学的全过程中。学科教学渗透心理健康教育，是指教师在学科教学过程中自觉地、有意识地运用心理学的原理和方法，在授予学生一定的知识、技能，发展他们的智力和创造力的同时，维护和增进他们的心理健康，形成学生健全人格所采取的各种积极措施。在课堂教学中，教师应根据学生的心理特点，因材施教，适时、适度地渗透心理健康教育。例如语文教材中的每一篇文章其实都蕴含作者对生活、对人生的感悟，体现了作者的人格魅力；在有的作品中，作者甚至在人物中注入了自己理想的性格。它以其内容的形象性、生动性，陶冶情操，启迪人生，从而达到寓心理健康教育于其中的教育目的。

如学习《一株紫丁香》《蓝色的树叶》《窗前的气球》时，可以对学生进行关心、尊重他人，适应环境，与人和谐相处等多方面的心理健康教育；学习《我选我》《自己去吧》可以使学生充满自信，乐观向上，能正确评价自己；学习《高大的皂荚树》《荔枝》可以让学生知道人活在世上要懂得奉献，不能一味索取；学习《会摇尾巴的狼》《狐狸和乌鸦》可以让学生明白在生活中要提高警惕，不能被坏人的花言巧语所蒙蔽，要和他们斗智斗勇。总之，只要充分利用语文教材的丰富性、形象性，是可以对学生进行心理健康教育的，同时还可以净化学生心灵，起着潜移默化、"润物无声"的功效。

良好的学习情境，不仅能激起学生学习的兴趣，还能激起学生的学习欲望，为学生的探索学习活动架起桥梁。总之，学科渗透心理健康教育是素质教育的重要内容。这不仅是新课程改革的要求，也是全面落实素质教育的要求。好的学科教学必须贯穿心理健康教育的思想。教师，特别是班主任，要转变教学观念：不仅要教书，还要育人；不仅要传道、授业、解惑，还要以教学为载体、为桥梁来挖掘学生的潜能，调动他们的心态，努力促进学生心理健康地发展。

除了要注意目标设定、课堂管理外，学科教学中渗透心理健康教育还要讲究教学策略，尤其是结合学科的教学内容所进行的内部渗透。归纳起来，这种策略至少应体现以下三个方面的内容。

（一）要讲究有机渗透

班主任要根据学科教学的具体内容和这些内容所蕴含的可利用资源寻找心理健康教育的合理渗透点，任何为渗透而渗透的做法都是不可取的。虽然学科课程中蕴含有丰富的心理健康教育资源，但并非任何内容、任何时候都可以渗透心理健康教育，即便是语文学科也不是每篇课文、每节课都能进行心理健康教育的内部渗透。为了完成某种"任务"而强行渗透（如有些班主任寻找的"渗透点"只是为了方便制作 CAI 课件），这显然走进了学科渗透心理健康教育的误区。学科教学中的内部渗透贵在自然、贴切，它与整个学科教学的具体过程是有机融合在一起的。因此，学科教学中渗透心理健康教育的首要策略就是"顺其自然"，就是"该出手时才出手"，应尽量避免生硬渗透。

（二）要讲究适度渗透

学科教学中的心理健康教育目标是"副目标""辅目标"，学科课程本身的内在规定性目标才是"主目标"。因此，在具体教学中，渗透心理健康教育应"适时、有度"。所谓"适时"，就是在一节课的有限时间内，花在集中渗透心理健康教育的时间不宜过长，一般只能利用 3~5 分钟时间，如果一节课 45 分钟的学科课有 20 分钟集中渗透，就应该叫心理健康教育课了。所谓"有度"，一是要注意渗透程度；二是要注意渗透梯度，即在了解学生个性心理及个别差异的基础上，尽量考虑各层次学生的可接受性及渗透的循序渐进；三是注意渗透效度，即教师要经常搜集学生的有关动态信息，适时调整渗透的策略，把握渗透的最佳时机。

（三）要讲究灵活渗透

我们常说教无定法，同样，学科教学中渗透心理健康教育也没有固定方法。从教学设计取向看，学科渗透心理健康教育可以学生为中心，重视学生的人格塑造，促进学生的心理发展；可以问题为中心，理论联系实际，帮助学生解决心理问题；也可以活动为中心，加强心理训练，塑造学生良好的心理品质。从渗透形式上看，有分散式与集中式，集体式与个别式，讨论式与写作式等。从具体渗透方法来看，有移情体验法、角色扮演法、认知矫正法、游戏法等。在不同取向指导下，各种不同渗透形式和渗透方法的灵活运用便构成了不同的渗透策略。

二、通过实践活动促进学生健康发展

实现心理健康教育更多地依赖于个体在真实情景中的实践操作与体验。所以，心理健康教育不是一门说教课，不能只停留在口头上，而应深入生活，在实践中加以训练、巩固。为此，我们倡导注重实践，让学生在参与中真正受到心理健康教育。其中，最主要和最直接的实现方式就是在心理健康教育中突出以活动为主的特点，寓心理健康教育于活动之中。

班主任不仅在活动中蕴涵、传递有关心理健康教育的知识，还要注意在日常的教育教学实践中随时抓住问题作为教育契机开展生动、直观的心理健康教育活动，并注重在生活中有意识地组织学生开展各种活动去实践、体验所学的心理健康教育知识。这些生动、活泼、有趣的活动不仅让学生受到实实在在的心理健康教育，还能使学生体会到心理健康教育来源于生活、实践于生活的基本道理，从而将心理健康教育再一次真正落在实处。

心理健康教育以活动为主要形式，要根据学生的年龄和心理特点，根据心理健康教育的目标选择确定活动的主题、形式、方法途径、评价体系。心理健康教育的主要形式有游戏、情景创设、角色扮演和讨论等。

三、加强家长与社会力量的教育功能

除了学校教育，学生心理健康的发展还受到其他社会因素的制约。其中，作为学生成长与发展中的重要他人，家长关于心理健康教育的认识和观念将直接影响学生心理健康的发展和学校心理健康教育的开展。一些学校意在锻炼学生心理素质、促进学生心理健康发展，开展了"手拉手"夏令营活动，或者"少年军校"的活动，但是这些活动被塞满高级食物的书包和每隔三两天一次的家长探望搞得变了味。除此之外，各种社会现象、社会舆论、影视文化与传媒等其他社会因素也直接影响着学生心理健康的发展和学校心理健康教育的开展。

为加强家长的教育功能，应做到以下三点。

第一，开展宣传教育，让家长明白心理健康教育的重要性。班主任向家长宣传、讲解有关心理健康教育知识，可以利用家访、家长会、板报等形式，让家长了解人的各种素质的形成与发展都依赖于其心理健康水平。一个心理健康的人，他的各种素质表现也好；反之，如果一个人处于心理紧张状态或是有心理障碍，则他的全面发展必然会受到阻碍。

第二，邀请有关心理老师，指导家长掌握心理教育方法。在现实生活中，有相当一部分家长并不知道如何对孩子进行心理健康教育，常常提出如"孩子过分孤僻该怎么办？""孩子迷恋游戏怎么办？""孩子过分以自我为中心怎么办？"等诸如此类常见问题。班主任应想家长所想，急家长所急，适时组织有丰富经验的老师，进行有关心理知识方面的讲座，使家长掌握一些教育学、心理学原理。

第三，组织有意义的活动，让家长科学合理地了解孩子。班主任通过组织开展一些丰富多彩的活动来加强家长与学生之间的沟通了解，让学生向家长倾吐自己的心声，使家长能科学合理地了解孩子，以使错误的家教方式得以纠正，从而能为学生健康成长创造良好的家庭环境。

下面案例显示的就是家校双方对学生心理健康教育齐抓共管，及时发现问题、解决问题所取得的成效。

【案例】

高三（1）班有一名同学，初中时表现很好，高一一整年和高二上半学期表现也非常好。他是宿管会成员，还受到学校的表彰；但在高二下半学期，他明显地表现出易怒、易冲动、自私的性格特征。班上同学反映，他用别人的什么东西都行，但别人不能碰他的东西一下。晚上，他不许别人在室内放音乐，而他自己却放，还经常出去打架。

经过我校心理健康教育小组集体分析，他可能出现了心理障碍，就建议家长带孩子去看心理医生。家长带他到医院脑神经科看，又带他去看了心理医生。医生诊断他为精神分裂症前期症状——攻击性心理障碍，认为他的表现属于偏执、狂躁、自我膨胀，处处按自己意愿做，如果自己意愿不能满足就会产生过激举动。产生原因主要是学业负担过重，内心过分孤独，不会与周围的人相处，与父母过分满足其要求有关。

找到了病因，经过一段药物和心理治疗，他的精神状况已恢复正常。同年冬天他做了两件让全校震惊的好事：一是把走失了两个多小时的3岁女孩送到了父母身边；二是拾到现金近4000元并及时交到学校德育处。学校收到了感谢信，女孩家长、失主当面来感谢他。他很受鼓舞,成绩也不断提高。高考时该生还以优异成绩考入了重点院校。

可见,心理健康教育不仅仅是学校的任务,也是全社会的任务和职责。只有得到社会的支持和认可,心理健康教育才能得到真正开展。也就是说,学校开展心理健康教育时应注重调动全社会的力量,获得来自社会的支持和认可,首先应获得来自家长的支持和认可。因此,在开展心理健康教育时必须注重与家长达成共识,通过各种活动与宣传,打破家长那种认为只要学习好就是发展得好的旧观念、旧框框,帮助家长建立现代的、科学的人才观,获得家长的支持和认同,鼓励家长参与,创设出全体成员共同参与和支持心理健康教育的环境与氛围,从而使心理健康教育扎扎实实地开展下去。

四、为学生创建良好的健康发展的环境

良好的氛围对学生的心理成长起着潜移默化的作用。因此,班主任应注意创设氛围和环境,这样才有助于学生的成长。

(一)创设民主平等的氛围

在教学中班主任应大力倡导教学民主、教学相长,鼓励学生独立思考,敢于向权威挑战,敢于发表不同意见;在班级管理上,班主任的工作方式要民主,建立民主和谐的师生关系。避免强迫命令、简单生硬、粗暴干涉的工作方法,处理问题要公平、公正,对学生要一视同仁。

心理气氛,是指潜存于群体中的某种占优势、较稳定的整体心理状态。对于一个班集体而言,良好的班级心理气氛往往表现出积极而活跃、协调而融洽的特征,这种气氛是一种催人向上的教育情境,它有助于提高和优化学生的思想水平和行为方式,有

助于形成优良的学风。不良的班级心理氛围易让人产生一种被压抑的感觉，因而表现出拘谨、刻板、冷淡、紧张的特征，它往往降低学生的活动效率，扰乱学生的价值判断，助长班级中的冲突和消极行为。影响班级心理氛围的决定因素是什么呢？如何才能造就一个良好的班级心理氛围呢？

应该看到，影响班级心理氛围的因素是多层次、多方面的，但作为班级活动的组织者和领导者——班主任的领导方式，是制约班级心理氛围的决定因素。

【案例】

早在1939年，德国著名的心理学家库尔特·勒温等人关于领导方式的经典实验就证明了这一点。

库尔特·勒温等人训练3位成人充当领导者角色，然后分别以专断、民主和放任自流的3种领导方式与3组11岁的儿童相处，要求每组儿童都经历3种不同的领导方式。整个研究历时21周，每7周轮换一位领导人。

在专断型领导方式下，领导者独自提出集体目标，制订工作步骤；对儿童严加监视，要求他们无条件地接受一切命令，群体的一切都由领导者决定，儿童没有自由。

在民主型领导方式下，领导者和集体成员共同制订计划并做出决定；领导者尽可能鼓励集体活动，显示集体精神；并能给予儿童客观的表扬和批评。

在放任型的领导方式下，领导者只笼统地说明目的，但不直接告诉儿童该做什么和怎样做，也不提供计划和建议，对解答问题也不提供任何帮助，一切由儿童自己决定。

实验表明，专断型的领导方式使儿童群体产生一种紧张、焦虑的心理氛围。领导者在场时，班组纪律较好，领导者不在场时，班组纪律涣散，学习气氛低落；儿童自信心、自尊心与上进心不强；儿童间合作少，活动程式化、效率低。民主型的领导方式使儿童群体出现了情绪高昂而愉快、学习热情高涨的心理气氛；儿童互相鼓励，关心集体，纪律较好，而且能独自承担某些责任，工作效率高。放任型的领导方式使儿童群体出现了情感麻木、行为散漫的气氛，儿童失去了归属感，失去了共同奋斗的目标，不知该做什么，也不知该怎样做；他们之间缺少合作，班组集体有名无实。库尔特·勒温的这一实验在世界心理学界和教育界引起了很大反响。此后多年的研究进一步证实了该实验的结论。这些结论后来被广泛运用于许多管理领域，取得了显著成效。

毋庸置疑，库尔特·勒温的实验为中小学班级管理提供了一个科学依据，对广大班主任亦有很大参考价值。

由于中小学生，尤其是小学生的心理还未成熟，可塑性大，对他们施加一些适当的外部约束，对于他们的社会化、个性成熟、道德意识的发展以及学习气氛的形成、情绪上的安全感是必要的。但是班主任应把约束措施作为达到形成良好心理氛围的手段，而不能把其本身看作目的，不必为之做刻意的追求。若在约束措施上做刻意的努力，这些措施有可能变得很难操作，其结果将造成班主任的期望值越来越高，而学生的执行效果却越来越差。这势必导致班主任极可能采取专制的方式来实现约束机制中所确定的目标，从而使班级心理气氛恶化。

因此，采取民主的领导方式，注意优化班级心理气氛，这才是班主任领导班级的最佳选择。民主的领导方式并不意味着抛弃一切外部控制、准则和指导，只不过班级的准则和控制措施是师生一道参与制订的，而且是需要师生双边共同遵守的。当学生对共同讨论制订的，有益于班集体良性运转的准则等有所违犯时，就应当受到批评，严重时还要受到一定的处罚。当学生出现符合准则的行为时，应及时给予奖励、赞许，以强化他们的良性行为。合理的表扬和批评无疑有助于学生明辨是非、了解道德责任和做人的尊严，最终有利于良好班级心理氛围的形成。

在教学实践中，有些班主任对班级管理属放任型，他们采取这种方式的原因，主要是误解、歪曲了民主型领导方式的内涵。在他们看来，学生只能接受鼓励、赞扬，批评和处罚就是独裁、压制，会给学生的人格留下持久的情绪创伤。因此，他们往往对学生有许多无原则的允诺和默许，而不管其行为是否正确。久而久之，学生失去了价值判断力，是非不辨，心理脆弱，班级心理气氛散漫无度，班集体名存实亡。

综上所述，班主任只有真正选择民主的领导方式，才有利于良性班级心理氛围的形成。良性班级心理氛围是一种影响深刻、力量强大、内化的、无形的教育力量，是中小学生身心发展不可缺少的一个重要因素和内在动力。近年来，随着教师整体师德水准的提高，班主任队伍中属放任型领导方式的人日趋见少，但工作热情高昂而往往不自觉地偏向专断型方式的人却大有人在。因此，怎样选择最佳领导方式，营造良好的班级心理氛围，应该受到广大班主任的重视。

（二）倡导互助的团结合作精神

学生与学生之间应倡导合作互助精神，互相尊重，互相爱护，培养起学习上相互切磋，生活上相互关心的良好风气。指导学生关心单亲、残疾等在生活、学习方面有困难的同学，让这些学生能和大家一起健康成长。

【案例】

我是小学的班主任兼数学老师，教学"几十几"时，我报数，学生用小棒表示。由于每个学生只有两捆小棒（每捆十根），学生们都纷纷向老师报告这么做有困难。见此情景，我没有马上说出自己的建议，而是提示学生能不能自己想办法解决这个问题。在我的启发下，学生同桌两个合作，用两个人的小棒合起来表示，问题迎刃而解。

还有一次进行小组口算竞赛，由于同组的每一位同学的得分都要算入总分，成绩差、反应慢的总是拖全组的后腿，见此情景，我特意留了5分钟时间让各小组自行调整，各组积极地想办法，好带差，帮助本组的后进生尽快掌握快速答题的诀窍。结果，全组的成绩都上去了。都说数学的口算较枯燥，但对于低年级来说又很重要。为了提高积极性，使学生口算能力得到充分锻炼，我让同桌两人合作，互问互答，并有意识引导自评："认为自己棒的请举手。"然后互评："认为你同桌棒的请举手。""你觉得他棒在哪里？"让学生从中学会欣赏自己和欣赏他人。

在现代社会中，处理好人际关系，学会与人合作，以达到"双赢"局面，是适应社会的一项重要技能。班主任在教育教学管理的过程中应该充分地让学生们产生合作的需要，然后让他们感受到合作的好处。

另外，班主任要营造健康有序的班级环境，培养学生遵章守纪的好习惯，引导其健康成长。既要培养学生敢想、敢说、敢做的精神，又要使学生养成遵章守纪的良好习惯。为此，班主任应坚持对学校制订的各项规章制度进行督促和检查，适时奖惩，促使学生养成遵章守纪的好习惯，为学生成长营造一个健康有序的环境。

总之，班主任应注重加强对学生进行心理健康教育，使学生克服自卑，树立自信，提倡"敢闯、敢试、敢问"的精神。从这些有关的探索中，学生一定会增强心理健康素质，促进常规教学质量的提高，素质教育也必将大大推进。

（三）给学生一个放松心情的缓冲地带

除班主任要充分重视学生的心理健康教育外，学校也要积极配合，一起为学生提供心灵的港湾，给学生创设一个可以休息、调整自我的环境，更好地促进学生的健康成长。可以通过各种方式和途径实现，如可以在学校网站开设"缤纷校园""健康E站""心灵透视""服务咨询""专家信箱"等栏目，为学生及时解答心理问题，为学生排忧解难。

在这一点上，天津市的一所中学就做得很成功，值得我们借鉴。

【案例】

我校的心理咨询工作由心理咨询室、网络心理咨询服务及团体心理咨询三大板块构成。

我校的心理咨询室设置在主教学楼中心，和教学区及办公区均保持一定距离，既保证了独立性和私密性，又方便对外接待。该咨询室由谈话室、放松室两个房间构成。谈话室光线充足，以暖色调布置，墙壁悬挂艺术照片若干，并放置绿色植物，配备谈话桌椅，给人的整体感觉是气氛温馨，格调高雅，充满生命的活力与激情。放松室配备放松床及沙发组合一套，该房间为内室，光线较暗，隔音效果极佳。放松室主要为那些精神极度紧张疲劳的同学做放松治疗。

近年来，随着我校网络德育工作的开展与推进，我们的心理咨询工作亦和现代信息技术结合起来。目前，我们已经尝试完成了"症状自评量表"（即SCL-90）的网络测试版的制作与调试，广大同学能通过互联网完成这一题目量较大且计算复杂的测试。目前，这在我市中学的心理工作中尚属首创。这种咨询方式的好处就在于能够最大限度地提高咨询效率并对学生的个人隐私严格保密，实施以来广受学生欢迎。

近年来，我们还通过"心理信箱""心理谈话吧"等途径开通网上心理服务，有效及时解决学生心理问题。由于各种原因，并不是所有需要心理咨询的学生都会走进心理咨询室，他们或是没有勇气直接面对心理老师，或是出于对自己隐私的保护，但他们也渴望能与人交流和沟通。这时，他们会选择通过网络来解决自己的问题。目前，我校的网络心理服务已成为学校工作的重要组成部分，通过网络咨询，很多学生解决了困扰自己的心理问题。

我校团体心理咨询也开展得有声有色。团体咨询是心理咨询的一种形式，用活动和讨论让成员们感悟道理，体验成长。这不是简单的说教和口耳相传，而是一种在团体情景下提供心理援助与指导的形式。由团体领导者根据成员问题的相似性或成员自发组成课题小组，通过共同商讨、训练、引导，解决成员共同的发展或共有的心理问题。团体心理咨询的特色是将团体视为一个微型社会，在充满理解和支持的团体氛围中，成员愿意尝试各种选择性行为，探索自己，学习有效的社会技巧，培养信任感和归属感。

在心理咨询工作如火如荼开展的同时，我们也深知，咨询教师的素质状况，直接决定咨询工作的成败，直接关系到学生的心理状态能否优化。我校目前有专业心理咨询师3人，其中两名教师具有研究生学历，一人具有国家级心理咨询师资格证书。所有班主任均参加过区级心理咨询专业的培训，这支队伍为心理咨询工作的开展提供了良好人才资源。

十余年来，我校为数百名学生和家长解除了心理困惑。为了加强沟通，建立学校、社会、家长三位一体的教育网络，我科室还利用家长学校为学生家长提供讲座数十次，受众达数万人次，这已经成为我校的特色和品牌，使我校的全市知名度逐年提高。心育、德育协同教育使我们的教育达到一个新境界。教育观念的转变，给学校的德育工作带来深刻的变革，过去苍白乏力的教育变得讲求科学、讲求实效。学生的心理健康意识逐渐加强，而家长学校的创办又为我校心理健康工作赢得了家长的支持和广泛的社会赞誉。

根据我国青少年身心发展特点，以及学校心理健康教育的目标、任务和形式等，在开展学校心理健康教育实际工作过程中，以及具体贯彻学校心理健康教育原则时，既要保持严肃性，又要具有灵活性。

因此，班主任在进行心理健康教育时，要主动接触，不要坐等回避；要热心真诚，不要冷漠做作；要耐心倾听，不要肆意打断；要实事求是，不要主观臆断；要积极疏导，不要压抑遏制；要因人而异，不要千篇一律；要协同配合，不要孤军奋战；要自觉自愿，不要强迫要求；要平等相待，不要居高临下；要了解尊重，不要猎奇侦讯；要适度接纳，不要指责训诫；要守信保密，不要随意张扬；要使人心悦诚服，不要令人屈从。这样才能促进学生更好、更快、更健康地成人和成才。

第 三 章

班主任谈话时要处理好
细节的艺术

第一节　班主任谈话要讲究的语言艺术

一、幽默是和谐师生关系的秘密武器

幽默是生活的调料，是艺术性的口语，是人类智慧的火花。它能用含蓄、机敏、风趣、确切、委婉、生动形象、鲜明活泼的口头语言，友善地提出自己对现实问题的见解，使人们在愉快的心境中接受批评和教育，从而改正自己的错误。

在教育学生的过程中，班主任经常面临这样的问题：既指出学生的缺点，又不伤害学生的自尊心，如何做到两全其美？因为如果处理不当，学生往往会因为一点小事发生冲突，影响师生之间的感情，造成交流的失败。在这方面，我们看看前辈是怎么做的。

【案例】

有人问一位著名的教师："如果你的班级中有一名学员过于活跃，上课时总是发出声音干扰别人，也影响你讲课情绪。你打算怎么行之有效地解决这个问题？"这位教师这样回答："我下课后可以与他交流一下，向他说明，教室的秩序需要很好地维持。并且我会与他开玩笑说：'谢谢你在课堂上为我活跃气氛。但我很生气你太活跃，以至于抢了我的风头。'"这是很艺术的回答，风趣幽默，大概任何一个学生听了，都会羞赧地笑起来，并决心不再为难这个宽容风趣的教师。

这个事例告诉我们，幽默在沟通中有着不可低估的作用，它能使沟通的效果更趋完美。它就像我们打开电灯开关时，电力便沿着电线输送过来一样，按下我们幽默的按钮，就能促使一股特

别的力量源源而来。

幽默使人与人积极交往，能降低紧张、制造轻松的气氛；它以愉悦的方式表达人的真诚、大方和心灵的善良。幽默是师生关系中必不可少的"润滑剂"。具有幽默感的教师一走进学生中间，学生就会感到快乐，沟通也就畅通了。

【案例】

一天，广东三水华侨中学优秀班主任许莉芬老师主持班会，班会的主题是让学生们提出半个学期以来班上出现的不良现象以及对该现象的改正意见。班会在许老师的主持下有条不紊地开展着，学生们针对班上的不良现象积极发言，并提出了不少建设性建议。许老师对此很开心，觉得学生们都很热爱班集体，有主人翁精神，也为自己作为班主任能从学生们的发言中得到了不少有助于管理好班级的信息而感到高兴。

然而，正当许老师高兴的时候，有名学生站起来说："老师，我觉得我们班上体育课时的纪律不太好，特别是课前集合，有的同学太拖拉了，总是要等几分钟才把队伍排好。"

听了这名学生的发言，许老师很重视。因为在许老师看来，排队只不过是一件很简单的事，而学生竟然排上了好几分钟，这有点不像话。而且之前体育老师也曾向许老师反映过这种情况，现在正好借此机会拿到班会上解决这个问题。

于是，许老师当着全班学生的面严肃地说："以后体育委员要在一分钟之内把队伍整理好！"

话音还没落，体育委员小南就立刻站起来，大声嚷道："有没有搞错！一分钟？他们不来集队，我怎么整理啊？"

"他们不来，你就不会去把他们叫来啊？"小南这种推卸责任的态度让许老师很恼火，声音当即就提高了八度。

这下小南就像被惹火的狮子一样，抓住许老师的话柄怒吼："你又要我一分钟之内把队伍集好，又要我去叫他们来排队，难道我可以分身吗？"

看到学生如此顶撞自己，许老师也来气了，大声反问："为什么不可以？"

"他们有的在课堂，有的上了厕所，有的在其他地方。我又要站在队伍前整理队伍，又要跑去找他们，那我该做什么啊？"小南指出问题的症结。

听了这话，许老师一时也有些反应不过来。小南说得没错，他不可能把每个人都拉来。自己刚才太冲动了，不应该那么大声对小南说话，不能把这件事的责任都推到他的身上。

这时，全班静悄悄的，学生都看着许老师，教室里一片紧张的气氛。许老师安静下来，一反刚才气愤的态度，幽默地说道："经调查，我认为刚才对小南同学的指控不能成立。经本人慎重考虑后决定，接受该同学的上诉，撤销原判，为小南同学彻底平反昭雪。"

学生们听后都笑了，小南也憨憨地笑了。

然后，许老师把目光转向其他学生，认真而诚恳地说："刚才我对小南同学的批评是因为自己了解情况不够，错怪了他。为此，我向小南同学表示歉意。"

"老师，我态度也不好，我也向您道歉。我是体育委员，把队伍集好是我的职责，以后我会履行好自己的职责的。"小南不好意思地挠挠头。

许老师趁机对全班学生说："同学们，体育课排队拖拉并不全是体育委员的责任，更多的是我们当中某些懒散的同学的责任。希望那部分同学注意一下，我不希望由于个别同学而影响到全班的整体形象。"

这样一场师生对抗风波在许老师幽默的话语中烟消云散，学生们又继续兴致盎然地发表起意见来。

班主任与学生沟通时，难免会产生一些失误，这时幽默的语言就能起到补救的作用。许老师由于不了解实际情况，错误地批评了体育委员小南，小南当场辩解，许老师也立即感觉到了自己的失误。面对师生沟通中的矛盾，许老师机智地使用法律公文式的夸张语言营造了幽默的氛围，避免了困窘场面的出现。最后，因许老师的诙谐，课堂又出现了热烈的场面，师生之间丝毫没有因为刚才的小风波而影响到感情。这就是幽默沟通的妙处。我们应该学会运用。

师生沟通的艺术也是师生之间的语言交流的艺术。恩格斯认为幽默是具有智慧、教养和道德上的优越表现。可见幽默其实是一个人的人格特征中的重要因素。班主任难免会有情绪，难免会冲动，说出一些过激的话。这时，我们就可以通过幽默的语言化解师生对立的情绪。

【案例】

有一位教师被派去担任一个"乱班"的班主任。当他第一次走进这个班级的教室时，看到的是这样的情景：教室的课桌椅被搬成了几"摊子"，每一"摊子"的边上都有几位学生在挥舞着扑克，鏖战得难分难解。

看到新班主任进来，他们才恋恋不舍地停止游戏。老师让大家把桌椅整理完毕，站在了讲台前。这时，全班学生都神色紧张、手足无措地坐着不吱声，等待着老师的严厉批评。可是，这位老师微笑了一下，他的第一席话却是这样说的："同学们，作为新来的班主任，我见到的第一幕就是你们那种学习'五十四号文件'的积极性。那好，我现在也想和大家一起来研究一下。"

面对学生略微放松又感到诧异的神情，他接着问："你们知道为什么一副扑克牌要分4种花色，每种花色有13张，一共有54张吗？牌中有K、Q、J等人物形象，这些人物代表的是谁呢？"

学生们的脸上产生了热切求知的表情。这时，他简单地介绍了扑克牌的由来，四种花色的象征，有关历史上的人物等知识。此时，学生已对这位新来的班主任产生了知识渊博、语言风趣的良好印象。

此时，他感到沟通教育的时机已到，便说道："大家想想，小小一副扑克牌中就蕴藏着这么多知识，可见知识在任何地方都有用武之地。那么，大家是否愿意从今天起，跟着老师一起去遨游知识的海洋呢？"回答他的是一片热烈的掌声。

心理学家追踪调查发现，学生最大的愿望就是教师语言生动形象、风趣、有幽默感，学生最不喜欢的就是没有幽默感的教师。有幽默感的教师是随和又理性的，不会把自己的快乐建立在别人的痛苦上，以损人自尊的伤人话语来逗趣取乐。有幽默感的教师会自我解嘲，会转移冲突，运用智慧巧妙地教化学生。所以幽默的教师通常是受欢迎的。

那么，班主任在与学生的沟通中，如何有的放矢地运用"幽默"这一润滑剂呢？

（一）趣从智生，怒息巧出

【案例】

有一次，某班主任走进教室，看见讲台上有一堆橘子，心中纳闷。橘子虽外观完好，但似乎不太寻常，他随口问道："这些橘子是做什么用的？"学生回答："请老师吃的。"班主任含笑称谢，拿起一个来，不料橘子早已被掏空，里面塞满了卫生纸。

学生们哄堂大笑。班主任一时僵住，但马上反应过来，幽默地说："哎呀！原来你们这么细心，替我准备好了橘子皮，这可是美容上品。值日生，替老师包好。是哪几位同学，下课后到我办公室来，我要好好谢谢你们。"学生们又是一阵大笑。课后，几个调皮鬼主动到老师办公室认了错。

（二）移花接木，无心插柳

【案例】

有一次，知名教育家魏书生老师刚走进教室，便发现有两名学生不知为什么正扭打在一起。全班同学都望着他，看他如何处理。而那两个调皮鬼却浑然不知，仍打得十分"投入"。

见此情景，魏老师便幽默地说："同学们，请继续欣赏这场十分精彩的'男子双打'比赛。"在同学们的笑声中，两个人不好意思地停了下来。魏老师又不失时机地补充了一句："同学之间应互谅互让，不要因一点小事弄得大家都不好意思。"

还有一次，魏老师发现一位学生听课时思想开小差，眼睛总是望着窗外，他便说了一句："外面的世界很精彩，里面的世界也不坏。"这名学生立刻意识到魏老师在讲自己，于是马上重新集中精力听课。

幽默是一种能量，它能增进彼此的亲密度。幽默也是一个成熟者自信的表现，以幽默建立的师生沟通渠道，能取得春风化雨的效果。

二、教育沟通要情理结合，不可偏颇

最好的教育沟通方式是教师不露痕迹地对学生施加思想影响，使学生在不知不觉中接受其教育。班主任在与学生的沟通中，要做到"动之以情，晓之以理"。

在教育沟通中，"动之以情"就是教师用热爱、奉献教育的精神感动学生，用身体力行的教育行为感化学生；"晓之以理"就是教育学生明白为人处事的道理，从学生、生活、家庭方面积极适应各种环境，妥善处理各种问题。

【案例】

游彩云是广州市天河区体育东路小学的教师。刚满 32 岁的她已获得了许多荣誉：全国模范教师、全国优秀教师、广东省特级教师、广东省南粤教坛新秀（特等奖）、广东省南粤教书育人优秀教师、广州市教育新秀、天河区十大杰出青年，等等。

从 1989 年任教至今，每接手一个班，游老师总是深入实际，了解学生的学习、生活情况，摸清他们的性格特点和家庭情况，以不同的方式和方法去和学生们有效沟通、交流。

她曾教过一个叫林小焘的学生，那个时候她刚刚走上工作岗位。

林小焘是一个特殊的孩子，他圆圆的苹果脸上嵌着一双大眼睛，挺讨人喜欢。可接触过他的老师都十分讨厌他的顽皮和偏执。

游老师刚接班时，他在课堂上当众与同学嬉闹。提醒他吧，他安静片刻便又开始碰碰这边同学，拉拉那边同学的书包。好几位同学都曾向游彩云告状说对林小焘忍无可忍了，要求老师惩罚他。

于是，游老师把林小焘叫出来，批评他的行为。可还没等游老师说完，林小焘就抢着说这个同学不对，那个同学先惹我，还振振有词地说就是别人不对。僵持了半天，林小焘也没接受游老师的意见。

以后的课，林小焘依然我行我素，甚至还有些示威的意味。游老师终于忍无可忍地向他大吼一声："你到底要干什么？"林小焘这才闭住了嘴巴，可眼中却写满了不服气。

游老师冷静下来后，觉得自己不该对他大声呵斥。毕竟他还是个孩子，或许他的背后有着不为人知的故事。

这天晚上，游老师拨通了林小焘家的电话，与他妈妈进行了一次长谈，得知他妈妈曾请华东师范大学心理系的老师为他做过测试，测试结果反映林小焘在行为品质方面表现为零。专家表示，要改正这种行为习惯，纠正这种性格，除非去国外专门的学校就读。妈妈一声声无奈的叹息让游老师对这位顽皮的学生有了些许同情。

如何纠正他行为的偏差呢？游彩云陷入了沉思。

从此，游老师对林小焘的行为愈加关注。游老师发现他热衷于欺负别人，他的朋友并不多，于是游老师便以此作为教育的突破口。

"林小焘，我们做朋友吧。"

"朋友应该怎样？"

"要互相帮助。"

显然，林小焘对游老师这个朋友并不感兴趣，不置可否。

游老师却对他这个朋友倍加关心。林小焘找不到橡皮了，游彩云会调动同学们一起帮他找，并适时告诉他，朋友就是在有困难时互相帮助的。

"林小焘表现好，坐得端正。"

游老师关注着他的一举一动，不断表扬他。林小焘渐渐感到老师总表扬自己，脸上有了光彩，也开始认可游老师这个朋友了。

有时，林小焘下课后也会凑上来和游彩云聊上几句，或借一本喜爱的书给游老师看。林小焘的变化让游彩云暗自欣喜。

可就在这时，他又出事了。一天，上英语课时，一位同学风风火火地奔进办公室对游彩云说："格尔德先生不让林小焘上英语课，林小焘在那儿哭闹呢。"格尔德先生是学校聘请的外籍老师，一向温文尔雅、不愠不火。

这个软硬不吃的林小焘又怎么了？游老师急忙赶往教室，空荡荡的教室中就林小焘一个人，同学们都上课去了。

那一刻，游老师真想对他大吼一声："你又搞什么鬼？"可转念一想，急躁也于事无补，便冷静下来问缘由。

在林小焘断断续续的叙述中，游老师终于弄明白了。原来是林小焘和另一位同学用英语向格尔德说了些侮辱性的话，格尔德急了，可林小焘就是不认错，反而和格尔德纠缠不休，结果才弄成这个样子的。

游老师明白，如果简单地批评林小焘两句，是不能解决问题的，反而会激起他的逆反情绪，使事情朝着反方向前进。

于是游老师干脆和他一起坐下来，以朋友的身份和他交心，讲道理，还给他讲了一个《篱笆上的铁钉》的故事，告诉他坏脾气是一柄双刃剑，就像钉在篱笆上的钉子，虽然拔掉了，可钉孔还在。他和格尔德吵架，说了些难听的话，这就会在格尔德心里留下一个伤口，无论他怎么道歉，伤口总是在那儿。他在伤害别人的时候，同时也毁掉了自己的尊严，伤害了自己的人格。

这个小故事打动了林小焘。他答应游老师以后遇事要讲道理，不胡来了，并答应向格尔德道歉，这是游老师第一次见到林小焘真心答应道歉，游老师由衷地为林小焘的进步感到高兴。

当林小焘跑到上英语课的教室向格尔德道歉时，格尔德惊讶地睁大了眼睛，同学们也暗暗发笑：今天太阳怎么从西边出来了？

渐渐地，林小焘的情绪稳定下来了，学习成绩也逐步提高，毕业后顺利地升入了中学。现在，林小焘还常回校探望这位热心、真诚帮助过他的好老师。

老师的责备，妈妈的灰心，专家的结论，似乎所有人都对林小焘失去了信心，仿佛他真的是一个难以教化的学生、一个难以与别人进行良性沟通的"顽石"。

游老师用友情打动了林小焘，用道理说服了林小焘，在情与理的双管齐下后，那个偏执的林小焘终于有了彻底的改变——"顽石"变成了"灵石"。

"动之以情，晓之以理"，二者相辅相成。班主任在与学生沟通时，请注意以下几点。

（一）对学生一视同仁，动之以情

班主任在与学生沟通时，尤其是与那些所谓的后进生沟通时，"情"更是必不可少的。这个"情"，就是教师深沉热爱学生之情。唐代诗人白居易云："感人心者，莫先乎情。"唯有炽热的感情，真挚的语言，才能使倾听者感到可亲、可信，从而产生极大的认同感。

一旦学生觉得班主任就是他的知心朋友，那么，他们就会敞开心扉，把内心的秘密向你倾诉。在这种情况下，班主任的劝告和要求乃至批评，都容易被他接受，紧锁着的心房大门便会被"爱"这把钥匙轻易打开。

相反，如果班主任对学生感情淡漠，甚至讨厌、呵斥、挖苦，学生就会产生逆反心理，或敬而远之，或心生愤恨，这样很难有效地转变学生的思想。

因此，班主任在与学生谈话时，切忌表露出不耐烦的神情。班主任皱一皱眉头，学生有时都会敏锐地产生一种被轻视的感觉，从而引起对立情绪。因此，班主任在谈话时要多一点"人情味"，这样就容易和学生产生亲近感，为良好的沟通打下坚实的基础。

（二）耐心教导，晓之以理

班主任不可一味地动情，该讲"理"的时候一定要讲"理"。

【案例】

顾卫老师接手一个新班时，遇到一个顽固不化的学生。他在学校里拉帮结派，欺负其他同学，搞得同学们怨声载道，甚至连批评他的老师也会遭到他的"报复"。

面对这样一个学生，老师们都无可奈何，顾老师却想用"情"来感化他。他经常与这位学生谈心，表示自己对他的关爱。当他发现这位学生组织能力不错时，便大胆提议请他担任纪律委员。

表面上，这个学生把班上的纪律维持得很好，没想到几周后发生的事让顾老师大跌眼镜：有一次上早操时，班里的学生和邻班的学生发生了口角，这个纪律委员不是及时制止，而是给他上中学的哥哥打了个电话，放学后带了几个人在路上把邻班几个与他们发生口角的学生暴打了一顿。

这下事情闹大了，顾老师一时间疲于奔命，多方调解才把这件事解决好。这时他才意识到自己犯的错误：一心想着用情去感化这个学生，却忘了讲"理"，以至于这个学生情绪一冲动就想到用暴力去解决问题。

顾老师开始转变工作方法，与这名学生谈话时，不再单单动"情"，而是结合实际情况，帮他分析问题，指出他的不良行为对他人造成的伤害。在经过一次又一次的"晓之以理"的谈话后，这个学生的思想认识渐渐有所转变，不再惹是生非，也能与同学友好相处，学习成绩也渐渐赶了上来。

做学生的思想工作，有时要动之以情，有时要情与理结合，双管齐下，班主任与学生的沟通方能奏效。"动之以情，晓之以理"可以作为班主任与学生交流的沟通技巧，使我们发乎情、止乎理的教育更实实在在地见到成效。

三、恰当的称呼，师生情感的传导器

著名演讲家曲啸老师被誉为"当代牧马人"。有一次，他到某市监狱为年轻犯人做报告，题目是"认罪服法，教育改造"。

报告之前，曲老师了解到这些犯人大多对报告有一种抵触心理，他们认为无论是谁做报告，无非是"大道理＋小道理＋训斥"。为了消除或削弱犯人的这种心理，曲老师绞尽脑汁地做了准备。报告一开始，曲老师称呼大家为"触犯了国家法律的年轻的朋友们"。这个称呼立即引起了全体罪犯的强烈共鸣，缩短了双方的心理距离，有的当时就掉下了激动的眼泪。

在师生沟通的过程中，教师对学生的称呼同样起着十分重要的作用。一个得体的称呼可以激发和控制学生的情绪，沟通师生之间的感情，融洽师生关系，进而增强教育沟通的效果。

特级教师钱梦龙老师在讲《故乡》一课中闰土拿了香炉和烛台这一情节时，问学生："同学们，你们有谁见过香炉和烛台呀，它们是做什么用的？"一位同学起来回答说，他在福州的鼓山见过，是用来敬香祭祀用的。钱老师以赞赏的口气说："你真是见多识

广啊！"于是后面再提问时，钱老师说："我们请这位见多识广的同学来回答。"这位同学在钱老师赞赏性的称呼下，情绪激昂，发言十分踊跃。

鲁迅先生曾经说过，一个简括的"诨名"，比用头号字印成的一篇文章的题目更容易让人记住。教师，特别是班主任，应本着礼貌友好、平等待人的思想，恰当地称呼学生，这样就能在较短的时间内消除学生对老师的戒备心理，拉近师生之间的距离。

【案例】

艾伦是一个非常自卑的男孩。因为他的背上有两道非常明显的疤痕。这两道疤痕，就像是两道暗红色的裂痕，从他的脖颈，一直延伸到腰部，上面布满了扭曲鲜红的肌肉。所以，艾伦非常讨厌自己，害怕当着同学的面换衣服。尤其是上体育课时，当其他的孩子都很高兴地脱下又黏又不舒服的制服，换上轻松的运动服的时候，艾伦却一个人偷偷地躲到角落里，背部紧紧地贴住墙壁，用最快的速度换完，生怕被别人发现。

可是，时间久了，还是被其他小朋友发现了。

"好可怕哦！""怪物！""你的背上好恐怖……"

童言无忌的话语，深深地伤害了艾伦的心。他哭着跑出教室，从此再也不敢在教室里换衣服，再也不愿上体育课了。

这件事情发生以后，艾伦的妈妈特地牵着他的手，去找他的老师马克西姆夫人。马克西姆夫人是一位很慈祥的老师。她仔细地听着艾伦妈妈说艾伦的故事。

"这小孩在刚出生的时候，就生了重病。当时本来想放弃的，可是又不忍心。一个这么可爱的生命好不容易诞生了，怎么可以轻易地结束？"妈妈说着说着，眼睛就红了。

"所以我跟我先生决定把他救活。幸好当时有位很高明的大夫愿意尝试用动手术的方式挽救他。经过了几次的手术，他的命虽然保住了，可是他的背部，也留下了这两条永久的疤痕……"

妈妈转头吩咐艾伦："来，把背部掀给老师看……"

艾伦迟疑了一下，脱下了上衣。

马克西姆夫人惊讶地看着这两道疤，心疼地问："还会痛吗？"

艾伦摇摇头："不会了……"

妈妈双眼泛红："这个孩子真的很乖。老师，拜托您多照顾他，好吗？"

马克西姆夫人点点头，轻轻摸着艾伦的头："我知道，我一定会想办法的。"

此时，马克西姆夫人心里不停地思考：要强行限制小朋友们不准取笑艾伦，或许能管得了一时。但艾伦一定还会继续自卑下去的……一定要想个好办法。

突然，她脑海灵光一闪，摸着艾伦的头，对他说："明天的体育课，你一定要跟大家一起换衣服哦。"

"可是——他们又会笑我，说——说我是怪物的。"艾伦眼眶里晶莹的泪水滚来滚去。

"放心，老师有法子，没有人会笑你的。"

"真的？"

"真的！相不相信老师？"

"相信。"

第二天的体育课上，艾伦怯生生地躲在角落里，脱下了他的上衣。果然不出所料，所有的小朋友又露出了惊讶和厌恶的声音。

"好恶心哦！""他的背上长了两只大虫子……""好可怕……"

艾伦双眼睁得大大的，眼泪已经不听话地流了下来。

这时候，教室的门突然被打开，马克西姆夫人出现了。

马克西姆夫人没有说话，只是慢慢地走向艾伦，然后露出了诧异的表情。

"这不是虫哦……"马克西姆夫人眯着眼睛，很专注地看着艾伦的背部，"老师以前曾听过一个故事，大家想不想听？"

小朋友们最爱听故事了，连忙围了过来："要听！老师，我们要听！"

马克西姆夫人指着艾伦背上那两条显眼的深红疤痕，说道："有一个传说，每个小朋友，都是天上的天使变成的。有的天使变成小孩的时候很快就把他们美丽的翅膀脱下来了；有的天使动作比较慢，来不及脱下他们的翅膀。这时候，那些天使变成的小孩子，就会在背上留下这样两道痕迹。"

"哇……"小朋友们发出惊叹的声音，"那这是翅膀的痕迹？"

"对啊。"马克西姆夫人露出神秘的微笑，"大家要不要检查一下，还有没有其他人的翅膀没有完全掉下来？"

所有小朋友听到马克西姆夫人这样说，马上七手八脚地检查对方的背。可是，没有人像艾伦这样有这么清楚的痕迹。

"老师，我这里有一点点伤痕，是不是？"一个戴眼镜的小孩兴奋地举手。

"老师他才不是，我这里也红红的，我才是天使！"

小朋友们都想让自己的背上有疤，完全忘记了取笑艾伦的事情。

艾伦原本哭红的双眼，此刻早已停止流泪。

突然，一个名叫露西的小女孩轻轻地说："老师，我们可不可以摸摸天使的翅膀？"

"这要问天使肯不肯。"马克西姆夫人微笑着向艾伦眨眨眼睛。

艾伦鼓起勇气，羞怯地说："好吧。"

露西轻轻地摸了摸他背上的伤痕，高兴地叫了起来："哇，好软，我摸到天使的翅膀了！"

露西这么一喊，所有的小朋友都跟着喊："我也要摸！""我也要摸天使的翅膀！"

一节体育课，一幅奇特的景象，教室里几十个小朋友排成了长长的队伍，等着摸艾伦的背。

艾伦背对着大家，听着每个人的赞叹声，羡慕的啧啧声，还有抚摸时那种奇异的麻痒感觉。他的心里已不再难过，脸上也露出了久违的笑容。

一旁的马克西姆夫人，偷偷地对艾伦做出胜利的手势。

从那以后，大家都称艾伦为"天使"，那一声声"天使"的称呼，美妙地回响在艾伦的耳畔，引领他走出了自卑，使他对未来充满了无比的自信。

马克西姆夫人通过把艾伦称作"天使"，不仅化解了他的自卑感，而且也改变了孩子们嘲笑艾伦这种不良的行为，还把友爱、和谐、快乐和自信的种子撒播到每个人的心田里。

"天使"不仅仅是一个简单的称呼，透过这个称呼，我们可以看到为人师者的思想水准、道德修养以及丰富细腻的情感，还可以体会到马克西姆夫人高超的沟通技巧。

有了马克西姆夫人那一声"天使"的称呼，相信不管前方道路铺满了怎样的荆棘，艾伦都会坚定地走下去。

在教育沟通的过程中，班主任恰当的称呼对学生而言是十分重要的，它能在第一时间拉近与学生的感情距离，从而使沟通得以顺利进行。然而，在如何称呼学生这个问题上，的确存在着一些误区。比如，有的班主任称学生为"孩子"，认为这样显得亲切，就像跟自己的孩子进行交流；还有的班主任主张称学生为"小朋友"，一是显得亲切，二是能明确师生角色。

事实上，这样的称呼都不能说完全恰当。心理学家告诉我们：称呼，对人的角色意识的影响是很大的。如果班主任把学生称之为"孩子"或"小朋友"，会使他们以为自己还小，在家靠父母，在校靠老师，意识不到自己应有的责任、权利和义务。

正如孔子所言："名不正，则言不顺。"班主任如何称呼学生，不仅是一门学问，而且是一门艺术。班主任应该尽力做好以下几点。

（一）注重称呼的感情色彩

班主任若想发挥称呼的积极作用，首先要注重称呼语的内容，要注重称呼学生时的语气、语调以及由此体现出来的感情色彩。如在布置工作任务或总结情况时说"我们、我们班"，学生会感觉班主任与他们是站在同一阵线的。班主任称呼学生的语气、语调应随教育教学内容的不同目的而定，或温和（如上课提问、生活交谈、讨论问题等），或严肃（如批评学生），或激昂（如赞扬）等。

（二）采取恰当的称呼形式

大体说来，称呼在形式上有以下两种。

1.称呼学生整体

许多教师除了上课时喊一声"同学们好"后，课堂中间就再也听不到对学生整体的称呼了。即使有，不少教师也是顺口称呼"大家""你们"之类。

而这些称呼明显不如"同学们"来得亲切。只要品味一下钱梦龙老师的"同学们，你们有谁见过香炉和烛台呀"这一句话，就可体会出其中的不同。

2. 称呼学生个体

（1）姓名连称

这种方式一般少用，但一些正式场合，如召开大会、公布重要事项的名单或有必要正式介绍的场合等除外。

（2）去掉姓，直呼其名

即称呼学生时，只叫姓氏后面的字。如，名字是"杜志超"，就叫"志超"或"超超"；名字是"王鹏"，就叫"小鹏"或"鹏鹏"。

这种方式可以多用，如在上课提问、班主任个别谈心、平时交往等场合，会给学生带来一种亲切感、信任感，从而缩短师生之间的情感距离。

（3）雅称

如有些学生有好听文雅的绰号，若在一些娱乐、游戏、郊游等场合以绰号相称，会让学生觉得和蔼可亲。比如，马克西姆夫人称艾伦为"天使"，恰似一股暖流，温暖了学生的心房。

（4）特称

一是以学生的专长称呼，如称班级歌唱得最好的同学为"我们班的歌唱家"，称画画最好的同学为"我们班的画家"，称数学学得最好的同学为"我们班的数学家"；二是以特殊的内容称呼，如钱老师的"这位见多识广的同学"，或者称某位在演讲等比赛中获奖的同学为"我们班的演讲家""我们班的优秀辩手"等，不一而足。这些称呼，既避免了单调乏味，活跃了气氛，又可起到激励先进督促后进的作用。

一个恰当的称呼，让孤独者有了依恋的港湾；一个恰当的称呼，会荡尽学生所有的不安、紧张和焦虑，于惬意中拥有了最美的承诺与期盼。

四、以柔克刚，化解学生强硬心理

以柔克刚，语出老子的《道德经》："弱之胜强，柔之胜刚，天下莫不知，莫能行。"所以，以柔克刚不仅是为人处世之道，也是治国之道，更是一种高超的斗争谋略。

《明史》记载，明武宗南巡，提督江彬随行护驾。江彬有谋反的计划，他率领的将士，都是西北地区的壮汉，虎背熊腰，身材魁伟，力大如牛。兵部尚书乔宇看出他图谋不轨，从江南挑选了100多个矮小精悍的拳师随行。乔宇和江彬相约，让这批江南拳师与西北籍壮汉比武。骄横跋扈的江彬因手下与江南拳师较量，屡战屡败，气焰顿时消减，蓄谋谋反的计划也取消了。

这里，乔宇所用的就是"以柔克刚"的策略。在师生沟通过程中，也难免会有一些性情暴躁、逆反心理强的学生，他们往往听不进老师的谆谆教导，甚至反其道而行之，口服心不服。

班主任如果只用简单的说教和无休止的训斥，只能治标，无法治本，有时甚至会引起学生的"顶牛"，造成师生关系的恶化。如果巧妙地运用"以柔克刚"的方法去做学生的思想工作，用一颗真诚的心去融化他内心的冰雪，给他一片温暖的阳光，那么就往往能温情和谐地进行沟通。

【案例】

何春艳是哈尔滨市道外区六十九中学的一名优秀教师。她的班上有一位名叫江辉的学生，人称"打架大王"，升入六十九中不到两周，就与班上的学生打了三次架。

通过调查，何老师得知，江辉在小学时就打过老师，还到校长室拍过桌子。对这样一个学生，何老师感到了压力。但她始终坚信，耐心与爱心会驯服他身上的狂野。

一天放学，江辉又与外班同学发生争斗，大打出手。正巧被校长现场抓获，用校长的话来形容，当时这个孩子简直就像一头猛狮。

晚上何老师辗转反侧，想着校长当时的那句气话："管不了你，我六十九中宁可不办。"她感到了学校规范管理的力度，感到了小小的班主任肩负的重大责任。

"明天我将以怎样的面孔出现在他面前？"何老师设想了种种情形，同时也预想了种种结果。彻夜难眠时，她告诉自己，思想转变需要过程，千万不能急躁。

第二天，何老师先平和地让江辉写了三份心理活动说明书（班规中规定犯错误的学生要写500字以上的心理活动说明书），以便使他有机会反思自己的行为。一份交给校长，表示道歉的诚意；一份交给政教处，请求处理；第三份交给班主任，收入班级档案。

然后，何老师在全班学生面前分析了一个学生这样做对个人、对班级、对家庭、对社会的影响。虽然没有严厉的斥责，但江辉却红着脸，低下了头。

这以后，何老师常常利用放学时间，找机会把江辉留下，与他促膝长谈。渐渐地，何老师发现虽然江辉还会有双拳紧握、怒目圆睁的时候，但更多的是冷静与忍耐。

然而好景不长，一次自习课上，江辉竟然趴在桌子上。当何老师出现在教室门口时，他只是不屑一顾地瞟了老师一眼，又低下了头。

何老师把江辉叫到教室外，当问他"是否知道老师为什么要找你"时，江辉态度极其生硬地说："知道，因为中午我在教室里大喊了一声。"

看到江辉恶狠狠的目光，何老师真是又气又心寒，总觉得在他身上付出了那么多精力，却得到了这样的回报。

于是，何老师说："不对，你在教室喊时，老师看了你一眼，从你的眼神里，老师已经读懂你的悔意，所以已经没必要因为这事再找你。今天中午，老师批改到你的作文，真的很震惊。你的作文不仅卷面整洁，文章也很有思想，而且有些词语用得恰到好处，老师准备在全班读你的作文，表扬你。老师今天找你是发现你非常有潜力，希望你把更多的精力用在学习上。"

这时，江辉脸上出现了笑容，何老师觉得时机已到，马上说："自习课你在下面干什么了？凭我对你的了解，你看课本时不会那么专心。你不会让老师失望吧？"

他犹豫片刻，最后说："我在看《龙珠》。"

经过何老师一番温情的劝说，江辉终于恭恭敬敬地把课外书交给了何老师。看到他能诚心改正错误，何老师感到十分高兴。

如今，江辉已经在班委会竞选中当上了班委，而且是班级公物小组负责人。他工作积极、认真，总能得到后勤主任的表扬。

没有冬的孕育，春的播种，夏的耕耘，便不会有秋的收获。披星戴月的耕耘，孜孜不倦的教诲使何春艳老师的学生走出了乡村，走向了大千世界……哈尔滨工业大学、北京邮电大学、吉林大学等十几所院校里，清晰地印上了这些农村孩子的足迹。

每当节日到来，远方的学生便纷纷打来电话。他们往往会说："老师，身体还好吗？一定要注意身体啊！"每每听到学生们这些关切的话语，何春艳老师总会回想起和他们共同走过的艰苦岁月：没有暖气的寒冬；蚊虫叮咬的酷暑；燃着蜡烛的晚自习；夜晚家访，无灯的乡间小道；还有学生们的每一次进步，师生共同收获的喜悦……

何春艳老师看似"柔和"的举动，避免了师生针锋相对的正面冲突，有效地"征服"了学生，在三尺讲台上跳出了一曲曼妙之舞。

"柔"的力量是内敛的，更是无穷的。它能打开学生紧闭的心灵之门，填补师生之间的感情空白，使教育沟通工作取得丰硕的成果。

在师生"心理需要相抵触，心理交流多梗阻"的情况下实施沟通，会引起学生在接受上的对抗性。面对"打架大王"江辉的抵触情绪，何春艳老师以"柔"的耐心和点点滴滴的温情有力地削弱和淡化了学生的强硬与冷漠，引起学生感情上的共鸣，从而起到了"以柔克刚"的积极矫正作用。

从中我们可以看出，师生沟通是一项"功夫活儿"，班主任除了要有责任心、事业心外，还要讲点技巧。对于个性倔强的学生，简单说教或者以硬碰硬，肯定是不行的。这不仅不利于学生向好的方向转化，甚至会把学生推到对立面，造成师生关系的恶化。

如果我们能像何春艳老师那样善于以柔韧之力，及时应付尴尬的场面，攻克学生的心理防线，巧妙地化解师生之间的矛盾，就能形成愉快和谐的沟通氛围，解决问题也会势如破竹。

（一）以柔克刚，应付尴尬的场面

美国密歇根大学心理学家南迪·内森通过一项研究发现，一般人的一生平均有十分之三的时间处于情绪不佳的状态。因此，人们常常需要与那些消极的情绪做斗争。

作为班主任，在学生情绪波动，产生偏激行为时，如果我们能善于控制自己的情绪，以柔克刚，恰似细雨之于烈火，往往能使学生的情绪尽快稳定下来，巧妙地化解尴尬的场面。

（二）以柔克刚，攻克学生的心理防线

一块巨石如果落在一堆棉花上，则会被棉花轻松地包在里面。与学生进行思想沟通时，班主任如果对顽固的学生施以"柔"的策略，往往能攻破学生的心理防线，让学生甘愿听从老师的教诲。

【案例】

张强成绩不好，时有逃学行为。初二暑假过后，张强私自决定不再上学，约了他人想外出打工。

开学时，班主任俞老师不见张强来报到，当天就去了他家。师生面谈了好久，而张强却像是铁了心似的不愿上学，就连父母一起劝说，也无效果。

第二天，俞老师又去了，还是和张强讲道理，从日升讲到了日落，张强总算有点心动，答应次日到校上学，结果第二天在学校又没见到他的身影。

第三天，第四天……次数多了，张强见老师一来，干脆就跑了。

俞老师没有泄气，继续找张强做思想工作，从人生理想谈到辍学的弊端，从世界的变化谈到知识的价值……

终于，张强回到了校园，日后又考上了高中。现在，张强还经常写信给俞老师。

（三）以柔克刚，化解师生之间的矛盾

对于师生之间产生的矛盾，班主任以博大的胸怀，给学生适当的宽容，巧妙地以"柔"克"刚"，就能化干戈为玉帛，使师生关系向好的方向发展。

【案例】

一天，任课教师向班主任李老师告状，说李老师班里的一位调皮大王跟在他身后边跑边唱《月亮走，我也走》，暗讽老师那谢了顶的头。

李老师找来了那个男生，先是问他喜欢不喜欢流行歌曲，他说喜欢。接着李老师让他说出这首歌用了哪些修辞手法，他说不知道，李老师便告诉了他。紧接着，李老师又跟他讲了一些关于月亮的古诗词，还从古代的"嫦娥奔月"讲到今天我国神舟飞船上天，让他好好学习，报效祖国。那个学生很感动，诚恳地认了错，并表示要向任课老师道歉。一场风波就这样轻易地化解了。

遇到学生的不良行为或顶撞现象时，班主任一定要冷静，千万不要意气用事，更不能采用"以眼还眼，以牙还牙"的方法。因为这样虽然能换来暂时的"风平浪静"，却难免海底依旧"波涛汹涌"。这个时候，如果我们能以柔克刚、以理服人、以情动人，让"柔"像阳光一般悄然映入学生尘封的心灵，就一定能够找到开启任何难题的钥匙。

班主任的"柔"，能使内在的教育原则和外在的教育方式充满弹性。它能让性格暴躁的学生无处发力，使其心态趋于冷静、理性，并达到自我教育的目的。让我们以"柔"的姿态轻灵地卷起学生心灵的窗纱，流畅地传达彼此间温暖的诚意。

第二节　班主任谈话要注意的行为艺术

一、让微笑时刻挂在脸上

很多人总是把班主任和严肃、不苟言笑联系在一起。其实，微笑的力量才是巨大的。捷克教育家 J.A. 夸美纽斯曾说过："孩子们求学的欲望是由教师激发出来的。假如他们是温和的，是循循善诱的，不用粗鲁的办法去使学生疏远他们，而用仁慈的感情与言语去吸引他们，假如他们和善地对待他们的学生，他们就容易得到学生的好感，学生就宁愿进学校而不愿留在家里了。"如果班主任每天对学生都展现出灿烂的微笑，学生的身心会感到愉悦，从而愿意与老师交流。

英国诗人珀西·雪莱说过："微笑，实在是仁爱的象征，快乐的源泉，亲近别人的媒介。有了笑，人类的感情就沟通了。"当教师向学生微笑时，实际上就是以含蓄的方式告诉他，老师喜欢他、尊重他，在关注和支持着他。这样的教师容易赢得学生的信任，容易博得学生的尊重和喜爱。

微笑可以缩短教师与学生之间的距离，化解令人尴尬的僵局。微笑是沟通彼此心灵的渠道，它能使学生产生安全感、亲切感和愉快感。

【案例】

与学生沟通不是件容易的事，但上海市宝山区乐业小学优秀教师李秀却沟通有术，每次都能取得很好的教育效果。原因是什么呢？那是因为李老师拥有一个沟通教育的法宝——微笑。

李老师的班里有个叫小丽的学生。小丽不喜欢做作业，经常拖着不做，也不肯背课文，回到家里，家人又没法管，因此考试成绩总是不尽如人意。她还很内向，眼睛近视也不跟老师说。李老师一直想跟她聊一聊，但总是找不到很好的话题。怎么和她进行交流呢？

有一天早上，按照惯例，李老师来到教室检查家庭作业。但没想到的是，这一次小丽居然把《周周测》和默写词语都完成了。这可是个稀罕事，得趁机做一下文章。于是，李老师请学生们马上静下来坐好，笑着说道："小丽同学在星期天完成了作业，值得表扬。"学生们很聪明，马上听明白了老师的意思，大家纷纷鼓掌。

听了老师的表扬，小丽在位置上还是坚持着她不变的姿势——低着头，但李老师却发现她偷偷地笑了。这是李老师第一次看到这个腼腆的女生露出甜蜜的笑容。于是李老师又微笑着说道："大家瞧，小丽笑了。但是老师希望小丽能把头抬起来，好让同学们都能看到你的微笑。"说完，李老师以鼓励的目光望向小丽。这时，小丽把腰一挺，慢慢把头抬起。

之后，李老师继续关注小丽，只要她有什么进步，就在晨会课上给予表扬，然后在课后再悄悄地微笑着问她："作业做好了吗？要抓紧一点哟！"她总是红着脸说："还有一点点了。"李老师还是笑着对她说："等一下我可是要来查的。"小丽从李老师柔和的目光里读到了鼓励。久而久之，她认识到了自身的价值，变得在课上也敢于发言了，作业再也没有拖拉过，成绩也有了很大提升。

在学生取得成功时，老师要学会用微笑送去欣赏；在学生感到失落时，老师要学会用微笑送去鼓励；在学生犯错时，老师要学会用微笑送去宽容。

微笑是一把闪闪发光的金钥匙，能开启教育成功的大门，帮助学生茁壮成长。微笑是春天里的一粒花籽，一开始也许不起眼，但待到收获季节，你会惊讶地发现，付出不多的东西，也可以有如此大的丰收。

小丽性格内向，还喜欢拖欠作业。对于这个学生，李老师早就给予了关注，但一直苦于找不到沟通的机会。就在李老师发愁时，小丽却破天荒地写完了一次作业。李老师抓住时机，马上在课堂上大加表扬。害羞的小丽低着头，偷偷地笑了。李老师立刻将这个看似平常的笑容放大，让全班学生以掌声鼓励，这给了小丽勇气，她终于把头抬了起来。当她看到李老师用和蔼的、亲切的笑容望着自己的时候，心中感到一丝温暖。

之后，每当小丽有了什么进步，李老师都微笑着鼓励，并适时地提醒她不要忘了写作业。老师的微笑触发了小丽努力向前的动力。她敢于发言了，作业也完成得越来越好，因为她要用这些成绩来回报老师的微笑。

看看，这么一个小小的微笑在师生沟通中能起到多么大的作用。

但有些班主任却一直信奉"严师出高徒"这一理论，因此总喜欢板着脸，以一副冷面孔面对学生。比如，有一位班主任对学生非常严厉，上课时只要有一个学生讲话，就给予批评。因此，这位班主任每次上课，教室里都很安静。时间一长，他感到有点不对劲，觉得课堂上太沉闷了，死一般的沉寂。怎么回事呢？这名班主任开始思索。

于是，第二天，他带着微笑出现在课堂上，学生们的眼中都充满了猜疑。当这位班主任微笑着鼓励每一名学生发言时，学生们感到十分惊异。课后，学生们三五成群地聚在一起议论着什么。在以后的课堂上，他总是以亲切的笑容面对学生，给他们讲个小故事或小笑话，逗得他们开怀大笑。时间一长，学生开始愿意与老师交谈、沟通了，他们的脸上开始有了笑意，课堂上的气氛也渐渐地活跃起来。

社会在飞速发展，现代学生思维多变，这就要求班主任要变通管理观念，改进工作，提高师生沟通交流的艺术。但有一点是永恒的，那就是班主任脸上应该经常带有微笑。那是充满热切期待的微笑，是表示肯定、赞许的微笑，是娓娓而谈时流露的真诚自然的微笑……

日本有一项心理测试显示，许多学生认为最温暖最亲切的笑是"教师的微笑"。因此，我们应该把"微笑"作为教师的职业表情。

班主任的微笑应当是真诚的、自然的，不能有半点矫饰，应该"情动于中而形于外"。只有热爱教育事业的人，处于学生之中才会有发自内心的微笑。那种勉强牵动面部肌肉做出来的微笑，会使学生觉得虚假。微笑能激发感情，愉悦身心，缓解矛盾。在任何场合、任何时间、任何地点，微笑都能如魔力般产生"神奇"的沟通效果。

当班主任面带微笑走进教室，学生的思维就会被这微笑点燃。微笑如同煦暖的阳光能融化冰雪，如同清新的春雨能滋润万物，微笑的作用不可小觑。简单说来，微笑可以有以下几大效用。

（一）微笑是一种有效的教育沟通手段

从一定意义上说，教育沟通活动依赖于师生间相互情绪的同步效应。有经验的懂得教育艺术的班主任，常常用"微笑"产生的力量抹去学生心头自卑的阴影，促使他们产生奋发向上的勇气和力量。

特级教师钱梦龙曾经做过这样一个小实验：笑容满面地去给学生上课，学生们劲头十足，课堂气氛异常活跃；而当他愁容满面地去给学生上课时，学生们一个个惴惴不安，无心听课，总是在揣摩老师的心思。教师的脸是学生的另一本书，他们能敏锐地从这本活"书"上读到许多无须用语言或文字表达的东西。

（二）微笑能树立教师威信

有的班主任面对学生时，对自己的笑容吝啬得很。他们整日不苟言笑，面部常常是阴到多云，他们担心经常微笑会降低自己的威信，会使学生觉得这样的教师软弱可欺。作为教师，为什么要把自己置于与学生对立的地位呢？其实整日表情冷若冰霜的教师，并不能在学生中树立真正的威信。

事实证明，班主任常带有微笑是一种沉稳、自信的表现，会赢得学生更大的信任。这样做，教师的形象会在学生的心目中更加美好。学生信任教师，才会敞开心扉，与教师交流。

（三）微笑是一种教育暗示

教师的微笑，是一种无声的语言，能够准确传达各种不同的心态和情感。微笑能使双方产生亲近感，具有亲和力；能使学生如沐春风，心情舒畅；能提高学生对新知识的感受力，增强学生学习的兴趣。

【案例】

特级教师孙双全到外地执教《我的战友邱少云》一课，当他风尘仆仆地来到学校后，不顾旅途疲劳，马上走进教室上课。他一见到学生，带着倦意的脸上立即露出亲切的微笑。他的第一个问题是"今天上课与平时有什么不同？"学生们踊跃发言。听后，孙老师的脸上绽开了明朗的笑意，赞道："啊，你们真了不起，非常聪明！"这种赞扬听起来有点虚，但却增强了学生的自信，缩短了教师与学生的距离，为活跃课堂气氛、顺利开展教学活动起了很好的作用。

在教学过程中，孙老师始终带着微笑，他提出了一个难度较大的问题，让大家讨论。后来他指名回答，一名学生站起来，沉默了一会儿后，小声说："我不知道。"孙老师不是简单地让他坐下，而是出人意料地向那位学生竖起大拇指："你真值得大家学习。在经过思考后，你在不知道答案的情况下，真实地回答了老师的提问。"后来，他又走到另一名学生面前，笑着说："你来回答，我好像听到你的答案有些道理。"这名学生站起来，说话声音不高。孙老师鼓励他说："我听见了，回答对了。你声音再大一点，让大家都听一听你的想法。"最后，孙老师满面笑容地说："你回答得真好，请坐！"

…………

虽然孙老师上完课就走了，但是，这些和孙老师仅仅接触两节课的学生们，将永远记得他那自然、亲切、温暖的微笑。

上面这一教学实例告诉我们，教师的微笑实质上是一种教育暗示。V.A.苏霍姆林斯基认为，暗示是教育技艺的核心，任何有学习生活体验的人都会发现，学生对教师似乎或多或少地都存有一种本能的戒备心理。他们往往谨小慎微，生怕触犯了教师的尊严，这就影响了学生思维的流畅性、变通性。教师的微笑解除了学生的防卫心理，打开了心智的枷锁，创设了轻松、愉快、和谐的气氛，使学生智能活动更加灵敏，更加有成效，从而在整个教学活动中不时迸发出新的创造火花。

身为班主任，要让学生时时感受到微笑的魅力并不难，以下几点方法或许能给我们一些启示。

（一）多练习，学会微笑

长期有阶段地发"E"的音，让自己的嘴巴拉到最宽，平时保持脸带微笑就可以了。在办公桌上放一面镜子，上课之前对着镜子练习三遍微笑。同时，班主任应保持一种开朗、乐观向上的心态。相信没有一个学生会喜欢教师脸上那种勉强挤出来的苦笑，因此，我们的脸上时时充满的，应该是一种发自心底的微笑。

（二）当学生取得点滴进步时，送上一个微笑

有时候，学生或是答对了一个问题，或是某次考试得了"优"，或是在比赛中表现不错，会希望教师对他的行为有所肯定。这时一个赞许的微笑就能让学生从心底感受到被赏识的喜悦。

有一名学生在给班主任的新年贺卡中这样写道："老师，最难忘的是您那迷人的笑容。您的微笑是那么亲切，那么温柔。它像三月的春风，吹过柳梢，拂过心田，融化了寒冬的坚冰，吹醒了沉睡的春天……在您的微笑中，我们更会想了，更会说了……"

这说明学生喜欢教师的微笑，因为教师的微笑是一座桥，能沟通教师与学生的心灵之河；教师的微笑是一剂良药，可以医治学生心中的伤痛；教师的微笑是一种无形的催化剂，能增强学生的自尊心、自信心、上进心。再顽皮的学生，再喜欢挑错的学生，再怯懦的学生，再自卑的学生，都不会拒绝微笑。

二、沟通，从记住学生的姓名开始

有人问一位善于销售的人："世界上最美妙的声音是什么？"他的回答是："从别人的口中说出自己的名字。"名字是一个人在这个世界上与自己关系最亲密的符号。对陌生人来说，你能叫出他的姓名，就很容易拉近双方的距离。

曾有一篇报道说，乌克兰苏霍姆林斯基研究会学术访问团来华做学术访问，访问结束时，有人问该团团长萨夫琴卡女士："根据您的观察和了解，您觉得您所看到的中国式教育和你们所崇尚的教育，最大的区别在哪里？您认为哪种教育更适合学生的发展和潜能的发挥？"

回答这个问题时，萨夫琴卡讲了这样几句话："我听了一堂课发现，老师都不喊学生的姓名，而用'你来回答''你来说'，为什么用这种含混的人称代词来表达呢？一个个有名有姓的鲜活的'人'呢？我印象最深的是你们对孩子的个性关注不够。"

一个小小的细节，折射出某些师生沟通中一个不容忽视的问题：如果一个班主任总是记不住自己学生的姓名，那么学生又怎么会对教师产生亲近感、信任感呢？教师的亲和力又从何谈起呢？

如果一个班主任连自己学生的姓名都叫不上来，那么这位班主任一定是个不称职的教师，因为记住学生的姓名是教师应具备的最起码的道德素质。

教师是与人交流的职业。一名教师不与学生交流，连学生的姓名都记不住，或者根本不想记，甚至从来就没有关心过哪个学生叫什么名字，又怎么能得到学生的尊重和信任呢？

V.A.苏霍姆林斯基曾说："尽可能深入地了解每个孩子的精神世界，是教师和校长的首条金科玉律。"深入学生精神世界的第一步，就是让他们感受到教师对他们的尊重，而尊重的第一步就是叫出学生的姓名。

【案例】

赛瑞·思克是简兰在多伦多一所设计院上学时的老师，她教他们设计理论和游戏故事写作。简兰记得自己第一次被她震撼是因为她神奇的记忆力。

那个学期赛瑞·思克教5个班，每个班平均30个学生。简兰是星期一听的赛瑞·思克的课，到星期五时，简兰在教学楼的走廊里看见她迎面走了过来。

简兰还没来得及说话，赛瑞·思克已经在欢快地向她打招呼了："你好，简兰。"

简兰当时惊讶极了。要知道，对一个西方人来说，记住中国人的姓名有多不容易。更何况她们只见过一次，还是在几十人的课堂上，简兰甚至还没记住她的姓名。

"你的记忆力真是惊人！"简兰竟然忘了向她问好。

"相不相信，现在我可以叫出你们这届每一个学生的姓名。"她举着手里的花名册说，"下周开始，这个就退休了。"

"你这么自信？"简兰睁大眼睛问。

"因为我是教师，教师是与人交流的职业。我们该具备的素质之一就是准确迅速地记住学生的姓名，让学生感觉到被老师重视。这也是他们喜欢上某一门课的原因之一。"她的眼睛里闪动着骄傲。

"我还是第一次听说这个理论。"

"比如说我们吧，你不会否认因为我记住了你的姓名而使我们亲近起来，对吗？"

"是的。可是诚实地说，我还没有记住你的姓名。"简兰满脸羞愧地说。

"赛瑞·思克，我叫赛瑞·思克。我想说的是，不管对谁，你记住陌生人的姓名，是你走近他们的钥匙。你记得越快，那扇门开得越早。"

显然，这样的沟通很有效，从那时起，简兰发现自己真的在赛瑞·思克的课上格外认真。

她布置给他们的第一个作业是写一个没有时间线索的多媒体游戏故事。

简兰本来就不喜欢游戏，再加上有语言障碍，这时的她犹如一个初识水性的人被扔进了汪洋大海。

就在布置作业那一天，赛瑞·思克给简兰发了一封电子邮件，她说："许多成年人爱看动画片，为什么？因为动画片语言简练单纯。所以别担心自己英语写作不好，你的英语恰恰好到不会把简单的事情说复杂了。这对我们这些熟练使用英语的人来说可不容易，我们总想多转弯多用词。相比之下你可有优势哟。"

同时接到邮件的还有其他几位同学，有英文不好的，有图形设计不好的，有对电脑语言恐惧的……而让他们惊叹的是不知道赛瑞·思克是怎样如此细致地走进他们心里的。

学期毕业时，在简兰的毕业留言册上，赛瑞·思克这样写道："记住对方姓名就是最好的沟通，它能获得一连串儿的神奇效果。"

只因为在极短的时间内记住了对方的姓名，赛瑞·思克很顺利地拉近了与简兰的距离，从而让她从此喜欢上自己的课。一个细小的举动，显示了赛瑞·思克的聪慧：要想尽快融入到学生的心灵中，记住学生的姓名不失为一个最为快捷也最为容易的沟通渠道。

班主任了解学生的首要工作，就是要记住学生姓名。我们常说"因材施教"，而因材施教正是以熟悉学生、了解学生为前提的。要想成为一名优秀的沟通者，不妨就从记住学生的姓名做起。

首先，要有记住学生姓名的意识。其次，要有记住学生姓名的方法。在找到方法之后，班主任就可以利用学生的姓名与学生进行真正的一对一的沟通与交流了。

那么班主任如何快速记住学生的姓名呢？

（一）利用座位表和座位标志牌记姓名

每个新学年开始的时候，班主任面对众多新生，难免有"眼花缭乱"的感觉，要想在短时间内记住这么多学生的姓名也不是一件易事，更不用说与学生进行有针对性的交流了。这个时候，可以用座位表和座位标志牌来帮助自己记住学生的姓名。

（二）利用班会节目记姓名

班主任身为一班之主，尽快熟悉学生不成问题，但对那些普通的任课老师就有点难度了。因此，班主任可利用学期初的班会时间，邀请任课教师参加，及时召开以"向你介绍我"为主题的班会；然后，趁热打铁，组织开展以"请你猜猜我是谁""让我来介绍你"为主题的班会。通过班会，师生加深认识，增进了解。

（三）用归类法记姓名

班主任可以把班干部放在一起提问，通过提问，加深认识；把姓氏相同的同学放在一起提问，如同时提问班上的四个姓"姚"的同学；把姓名相同的同学放在一起提问，如让三个"李丹丹"演算同一个习题；把姓名相近的同学放在一起提问，如让"张娜""张丽娜"来背诵同一段课文，把"张晓萌""吴晓飞""李晓光"等三个带"晓"字的同学放在一起提问；也可把相貌有共同点的学生放在一起提问，以便强迫自己把学生姓名和相貌特点联系起来，形成一个整体印象，反复回忆，然后逐个"击破"。

通过对比，同中求异，或异中求同，既激发了学生回答问题的热情，也加深了班主任对学生的认识，增进班主任对学生的了解。

（四）结合家庭背景记学生的姓名

尽管我们对有些学生不熟悉，但其父母或者其他家庭成员可能是我们所熟知的；或者学生以往的老师是我们所熟悉的；或者学生的家乡是我们所了解的。根据这些因素，我们可以较快地了解学生的情况，加深对学生的认识。

比如有一次开学生家长会，班主任事先记下了学生家长的姓名。当开会与大家交谈时，她随口就能叫出学生家长的姓名。结果，许多平常从不见面的家长都惊讶不已，学生和家长们深受感动。很快，大家就孩子的教育问题相谈甚欢，家长会开得极为成功。

（五）通过各种活动记住学生的姓名

班主任可积极参与学生的各种课余活动，比如一起去春游，参观博物馆，进行体育运动等，在活动中与学生打成一片，同时在活动中将学生的姓名与学生本人真正对上号，并进一步了解学生课堂之外的其他表现，以加深印象。

记住每一个学生的姓名，学生就会有一种被认可的满足感，内心也会受到极大的鼓舞。让我们用心去记住每个学生的姓名，努力做到对学生"直呼其名"。

"记住姓名"是一种爱，"记住姓名"是一种责任，这是一种虔诚的爱的播种，是一种心与心的交融，是一种爱的呼唤！

三、合理使用肢体语言

人与人之间通常都是口语沟通。但有时，一些特定的身体态势可以代替口头行为，发挥独特的表达功能，产生良好的交流效果。比如，有时可用竖起大拇指，"OK"的手势，简单的招手、击掌、轻拍肩膀等来配合自己的语言，这些都能向学生很好地传达信息。

如果班主任在很多特定的情境下能有效地运用好各种肢体语言来向学生传情达意，往往比有声的语言更有效、快速、便捷。

例如，在上课时，看到学生在下面搞小动作，可以有三种不同的处理方法：一是停下讲课，大声批评；二是假装没看见，听之任之；三是若无其事地走到该学生座位前，一边讲课一边用手轻轻拍拍学生的肩膀，从而制止学生的小动作，使其专心听讲，同时又没有打乱课堂的教学进程。

无疑，第三种方法是最恰当的。用动作代替口头批评，不费口舌、不动声色，也不影响教学，真可谓"经济实惠"的教育方式。

根据英国心理学家阿盖依尔等人的研究，当语言符号和肢体语言符号所代表的意义不一致时，人们相信的是肢体语言所代表的意义。在信息传递的全部效果中，有7%是词语，38%是声音，肢体语言沟通所起到的效果则高达55%。因此，任何一名优秀的班主任都应该学会恰当地运用肢体语言。

【案例】

大连开发区第六中学优秀教师张淑环的班里有一个叫小莹的

女生，非常文静可爱。刚入学的时候，她脸上经常洋溢着甜甜的笑容，见到老师总是轻轻地喊一声"老师好"。

但没过多久，笑容就从小莹的脸上消失了。她每天默默地坐在位子上，少言寡语，一副落落寡欢的样子，对班级事务也漠不关心。起初，张老师并没有在意，认为这可能是她的性格所致。直到有一天，当张老师惊异地发现小莹突然消瘦了很多，内心一下子充满了内疚感。张老师意识到，在小莹的身上一定发生了什么不愉快的事。

通过私下了解，张老师才知道，小莹在班级自动组建的小队中受到了排斥，其他队友觉得她土气，出去玩的时候不买东西，显得很小气，而且小莹成绩不错，平时学习很刻苦，非常受老师的器重，有的队员说她拍老师马屁，所以渐渐疏远她。生性腼腆、心思细腻的小莹，在陌生的环境中缺乏主动表现自己的勇气和信心，即便受了委屈也不敢跟老师说，每天生活在失落和惆怅中，最后导致厌食症，体重明显下降。

张老师得知后，心情变得很沉重，怪自己太粗心，对小莹关心太少，以致连小莹发生这么大变化都没有发现。张老师决定重新激发她心中的热情，通过自己这个中间人，改善她和同学们的关系。其实要化解她与队员间的不愉快非常简单，只需要一个袒露自己心扉的机会和来自老师的支持。

于是，张老师为小莹和她的队友安排了一次面对面的聊天。开始，内向的小莹不知道该说什么好，张老师就拍拍她的肩膀以示鼓励和信任，小莹的脸上露出了久违的笑容。她慢慢地试着参与到同学的对话当中，还不时地发表一些独特的观点，大家对她的想法深表赞同，张老师也笑着摸了摸她的头，表示赞赏。这给了小莹说话的勇气，让她感受到了老师的关注。她渐渐融入同学的谈话中。这次交流之后，队员们也感受到了小莹的朴素和真诚，双方的误会逐渐消除。

为了锻炼小莹的勇气和胆量，消除她的害羞心理，张老师为小莹争取了一个代表班级参加演讲比赛的名额。在参赛前的日子里，张老师总寻找时机与小莹目光相对，微笑着对她点点头或眨眨眼；在上台演讲前，张老师伸出两根手指冲她做了一个坚定的"V"形动作；演讲结束后，张老师竖起大拇指，向她表示祝贺。

张老师相信，这些无声的语言都会给小莹带来莫大的勇气和鼓励。果然，小莹不负众望，为班级捧回了第一名的奖状。

从此，这个曾经很失意的女生变为班级建设的活跃分子。虽然她依旧那样文静，却多了一份事事行动在前的热情和自信。有一天，她悄悄塞给张老师一张纸条："老师，是你无声的鼓励唤醒了我的自信，激发起我对班级的热爱。愿您继续关注班上每一个沉寂的心灵，使我们的班级变成'爱'的海洋。"

看完纸条，张老师欣慰地笑了。

对学生而言，班主任的一举一动，一颦一笑，说话的语气声调，面部的表情气色，都在向学生传递一种信息。

肢体语言包含面部表情、身体接触、身体姿势和手势等。现在，我们着重介绍班主任与学生交谈、沟通时主要肢体语言的运用。

（一）面部表情

面部表情能传达热诚、认真、快乐和赏识的信息，也能传达厌烦、烦恼及放弃的情绪，不同的表情代表不同的含义。

1. 表示关注、饶有兴趣：眉毛微微上扬，双眼略睁大，常伴口部微张、嘴角上翘并呈微微笑意。

2. 表示亲切、友善：双目微眯，嘴角微翘，面露微笑。

3．表示满意、赞扬：眼睛略闭，嘴角上翘露出微笑；赞扬时还伴有点头的动作。

4．表示询问、疑问：眉毛上扬，眼睛略睁大，嘴微微张开，与表示关注的表情相似，只是去掉了微笑而代之以疑惑的嘴形。

5．表示严肃、认真：眉毛微皱，双唇较紧地抿在一起，眼睛略略睁大。

（二）手势

有经验的班主任会使用许多不同的手部信号来鼓励和制止学生的某种行为，用以维持学生的注意力。例如，伸出手掌表示"停止"，掌心向上并上手指表示"继续"，把手指放在唇上表示"安静"，以手指击出声音表示"注意"，而竖起拇指表示"赞同"。

常用的手势语包括以下方面。

1．大拇指的运用。向上竖起大拇指，意味着肯定、称赞、首屈一指，用时必须和面部表情密切配合，否则会有应付或讽刺意味。但切忌用大拇指指向身体外侧并晃动几次的手势，因为这一手势在某些场合被看作是表达严重的蔑视。

2．食指的运用。最常运用的是静止性食指体态语——食指靠近嘴唇并与嘴唇交叉成十字形，表示"请安静""不要出声"。这个手势意味着一种善意友好的制止，学生一般是会接受的。但切忌用食指向学生做斥责性的上下点动。

3．手掌的运用。单手上抬，指向某学生，可表示介绍、请求发言的意思。双手上抬，掌心向上，除表示起立外，在与学生谈话时可表示自己的诚恳和可信任。亲切温和的招手，及时的带头鼓掌等都是积极的体态语。而讽刺性鼓倒掌、宣怒性拍桌面都不会取得好的教育效果。

4．双臂倒背。据观察，倒背双臂会让学生感觉到教师的威严。

因此，教师在一些适当的场合，比如监考、巡视学生做课堂作业时可以适当采取这种体态。

但是在一些场合不应采取这种体态。比如和学生个别谈话时，不应把双臂倒背起来，因为这样做会给学生一种高高在上、盛气凌人的感觉，学生心理上会生产一种压力。

5．双臂抱肩（双臂交叉于胸前）。双臂抱肩是一种消极性体态语，在教学教育活动中不宜使用。尤其是当班主任与学生之间发生不快的时候，这种体态尤其不宜，会给学生一种被蔑视的感觉。当然，这种体态并非完全是消极的，有时给人一种休闲自在的感觉。比如辅以微笑，有时也能给学生平易近人、和蔼可亲的感觉。

6．双手叉腰。这种体态是一种富于进攻性的体态，给人的感觉是咄咄逼人的气势。当班主任的讲话是直接针对在座的某一个学生时，建议最好不要采取这种体态，因为这种体态容易对其心理造成严重伤害。

但是，当班主任的讲话是针对令人气愤的第三者的时候，这种体态会有助于教师感情的表达。例如，谈到社会上某种丑恶现象，讲到激昂时，不妨采用这种体态，并辅以其他体态，以增强讲话的感染力。

7．双手插兜。这是一种消极性体态。这种体态给人的印象是随意的。如果双手插兜的同时，其他体态表现出无精打采，那么，总的印象将不是随意，而是懒散。所以，班主任应尽量避免使用这种体态。

此外，拍拍肩、摸摸头都是手势语，这种肢体语言会让学生感到亲切，有助于打开学生的心扉。

（三）其他肢体语言

1．身体前倾。在听学生说话的时候，班主任上半身前倾，会给学生一种认真倾听的印象。

2．腿部抖动。有的班主任讲话时，喜欢一脚踏在讲台上且不停地抖动；采取坐姿时，则将一条腿搭在另一条腿上，不停地抖动。这是一种不好的体态。在成年人中，这种腿部抖动动作比较常见，但作为教师，则应尽量避免，因为它会给学生留下轻浮、不稳重的印象。

总之，班主任要根据自身的特定条件，发自内心地、自信积极地运用自己的肢体语言，并不断有意识地学习和训练自己，练就传神的一举一动。

我们经常强调"言传身教"，班主任的一举一动都能对学生产生影响。在西方，很多教师都喜欢使用肢体语言来表达情感。但由于东西方文化传统的不同，我们的教师在使用肢体语言方面的能力比较弱。尤其是一些高年级的教师，更讲究口头表达的质量，而忽略了肢体语言的有效性。

语言沟通固然重要，肢体语言同样不可或缺。科学研究表明，人们所接收到的外界信息70%~80%来自视觉信息。身体是传递信息、情感沟通的另一种语言和符号，我们应该学会用肢体语言向学生传达自己的意识。

第三节　班主任谈话要注意调控心态的艺术

一、攻心，是与学生谈话的情感切入口

《三国志·马谡传》写道："夫用兵之道，攻心为上，攻城为下；心战为上，兵战为下。"意思是，从思想上瓦解敌人的斗志才是上上之策。可见，自古以来，人们就懂得"攻心"的重要性。其实，心灵是师生感情沟通的一个切入口，与学生沟通也需要"攻

心"战术。

班主任对学生进行教育时，要针对学生的心理状况和实际表现，多进行思想上的交流，让师生之间产生心与心的碰撞。教育学生时，班主任只要把握好时机，找准他们的感情切入点，就比较容易使学生深受触动。这时，班主任再巧妙引导，联系到对学生的教育上来，一切问题就都容易解决了。

【案例】

有一年，陈老师接手一个新班。上课第一天，他临时改变课题，来了个"畅所欲言话语文"。陈老师刚一出示课题，第二排的一个男生就嚷道："老师，你什么都不用讲了，只教我们高考夺高分的绝招就可以了。"经他这么一嚷，全班学生都笑了起来。

陈老师对这个学生乱插嘴的行为有些不高兴，但没有表现出来，而是用一番大道理搪塞过去。从此，他对这个男生有了"特别"的印象。

经过了解，陈老师知道这个男生叫小鹏，学习成绩优异，小学、初中时就已经是学校很有名气的尖子生了，高一曾入重点班，高二后成绩开始走下坡；他家境富裕，父母对其呵护有加，常与父亲顶嘴，瞧不起任何人。

难怪这么嚣张，原来是有点"小资本"，但也不能因此而骄傲自大啊！时间长了，不但影响他的人际关系，成绩也会受到影响。得想办法和他沟通。怎么沟通呢？像这种骄傲的尖子生，一般的说教肯定很难有效果，必须找个突破口。

一天课上，陈老师讲到王国维的三重境界，其他学生听得一头雾水，只有小鹏脱口而出，将"昨夜西风凋碧树，独上高楼，望尽天涯路""衣带渐宽终不悔，为伊消得人憔悴""众里寻他千百度，回头蓦见，那人正在灯火阑珊处"三境界背了出来。

不错嘛，够厉害！陈老师不禁暗暗佩服。同时，他脑中一闪，这不是最好的突破口吗？好，攻心为上，就从这下手。陈老师当场表扬了小鹏，并约他课后交流。

课后，陈老师与小鹏相互交流文学知识。他发现小鹏对文学有着浓厚的兴趣，曾经是学校文学社的骨干之一，对古典诗词情有独钟，能背诵大量古典诗词。

于是，陈老师开始实施自己的方案。他经常利用课余时间与小鹏谈诗词，他们共同走近诗词作者，走近诗词，探讨、品评、交流。小鹏很有灵性，能很快明白陈老师的点拨，有时甚至有突破性理解。为使他在古典诗词上有更大进步，陈老师还替他查找大量资料，并将自己心爱的《唐宋诗词鉴赏辞典》借给他。而与此同时，陈老师也借助诗词将很多做人的道理间接告诉了小鹏。

一段时间之后，小鹏主动找到陈老师坦陈心迹："老师，过去我总是以为自己了不起，瞧不起同学，瞧不起父母，甚至连老师也不放在眼里。现在才发现我有那么多不懂的东西，我现在努力还来得及吗？"陈老师一听，暗暗欢喜，心想，看来"攻心术"起到作用了，于是他对小鹏的坦诚大加赞赏，并幽默地对他讲了一句："一切皆有可能。"

但陈老师的"攻心术"并没有就此结束，虽然小鹏渐渐改掉了骄傲自大的毛病，但他性格上还有很多弱点，比如受挫力比较差，不懂得关心人，自私自利等。要想纠正小鹏这些不良思想和行为，还必须从古典诗词上下功夫，通过古诗词走进他的心里。

之后，陈老师还是经常与小鹏畅谈诗词，与他一起走近苏东坡，让他领略苏东坡"一蓑烟雨任平生"的豁达与洒脱，让他明白，人可以有挫折，但不可被打败；与他走近杜甫，品味杜甫的"穷年忧黎元，叹息肠内热"，让他明白一个人的价值不在于自身的荣誉，而在于他与人民共甘苦。针对小鹏的性格，陈老师以温庭筠为例，一方面肯定温庭筠的文学成就，但对其人品加以批判，让他明白，一个有成就的人应是一个尊重他人、关心他人的人，而不能为一己私利损人利己。

诗词的魅力，让小鹏忽略了陈老师在与他讲道理。从诗词中，小鹏不但能学到知识，而且能明理。之后的一次家长会上，小鹏的妈妈告诉陈老师，最近小鹏在家已经很少与父亲顶嘴了，放学后也会主动做家务了，脾气比以前好了很多。

慢慢地，小鹏将陈老师当作自己的良师益友，学习上、生活上有什么事都主动与陈老师沟通。有一次测试，由于错了一句古诗句的默写，小鹏很自责，觉得自己连这么简单的问题都错了，太不应该。陈老师知道后立刻鼓励他，肯定他的成绩，同时也指出他的粗心大意。还有一次，小鹏的测试成绩位居班里第一，居全年级前30名。小鹏很高兴地找到陈老师，一副飘飘然的样子，陈老师没有批评他的骄傲自满，而是与他背了一段《蜀道难》，从诗词中让他明白到前路的艰辛，不能因一时的成绩而骄傲。

在陈老师的"攻心术"下，小鹏有了很大改变，变得会尊重人，会帮助人，会关心人了，而且成绩也不断地进步，成了一个品学兼优的好学生。

成绩优异，家境富裕，再加上父母的娇宠，养成了小鹏骄傲自大的不良品性。这种学生很难与之沟通，他们根本不把老师放在眼里。老师说什么，他都不屑一顾。陈老师却另辟蹊径，利用小鹏喜欢古诗词的嗜好，攻心为上，用诗词架构起师生沟通的桥梁。

在战争中，"攻城为下，攻心为上"是一条至高无上的作战准则，也是一切兵法的核心思想。其实，这又何尝不是教育学生的核心思想呢？

攻城，本意是用武力去征服敌人。而用在教育中，则意为用"大棒"政策去教育学生。比如，学生做错事时，班主任把他们叫到办公室里劈头盖脸地教训、呵斥，直至他们认错为止；让学生学习时，对于不认真学习的学生施以高压政策或者惩罚措施，直到其端正态度为止。很多时候，这种以强击弱的"攻城"教育，是有副作用的。首先，它会刺激学生的逆反心理，造成甚至加剧学生的不良心理与行为；其次，对于一些表现欲非常强的学生，过分强硬的批评会使其产生挫折感，损伤其自尊心，造成学习兴趣下降；最后，不适当的批评会影响师生关系，使学生对班主任产生抵触情绪。一些学生被批评后，往往不寻找自身的原因，而是采取消极的自我保护措施，对班主任敬而远之。

班主任如果先研究学生心理，思考学生的犯错动机，站在学生的角度体会他们的感受，然后对症下药，采取相应的谈话方法，往往能把握学生的心理要害，使其转变态度并且承认自己的错误。班主任要把握学生的性格和心理，采用灵活多样的方法，做好学生的思想工作。那么，怎样进行攻心教育呢？

（一）刺激学生的自尊心

有经验的班主任在与学生谈话交流时，很注意对学生自尊心的刺激。但刺激学生要有限度，做到"刺而不伤"。有限度地刺激学生的自尊心，实际上是为了唤起学生的自尊心，使学生在自尊心的激发下，抛弃不好的行为习惯，向健康的方向发展。

（二）激发学生的自信心

有几位心理学家曾做过一个有趣的实验：他们到某所学校，与几名一直被教师和同学认为很"糟糕"的学生进行了沟通，通过交流激发这几名学生的自信心。交流完后，他们肯定地对学校教师说，这几名学生将来一定会有出息。教师们半信半疑。然而，一年多后，这几名"糟糕"学生果然变成了全校屈指可数的优等生。

一个人失去了自信，也就失去了奋斗的勇气和力量。在激发学生的自信心时，班主任一定要注意语言的分寸、尺度，可以用实际例子使学生觉得这些目标可望而又可即，自己确实大有成功的希望。

（三）转化学生的虚荣心

学生有虚荣心并非完全错误，从某种角度而言是件好事。班主任与学生谈话时，只要准确把握，合理引导，就能使学生的虚荣心转化为上进心。譬如，有的学生成绩和表现都很好，却没有被评上三好学生，感到在亲友面前丢了面子，于是与班主任产生了对立情绪，成绩也日渐下降。这时，班主任与学生交流时，首先应肯定学生的表现，然后就势引导他："假如你的各方面表现在所有同学中确实出类拔萃，有什么理由不能被评为三好学生呢？你虽然优秀，但优势不是十分明显。我相信，只要你不懈努力，从各方面严格要求自己，你必定会成功。"

（四）疏导学生的妒忌心

学生有妒忌心，实际上从一个侧面反映出学生还是有上进的欲望的，只不过这种上进的欲望受到一定主客观条件的限制而难以实现，学生只好以妒忌心理替代。班主任只要准确把握，沟通时从正面疏导学生的妒忌心理，就能给学生一种前进的动力，促使学生进步。

（五）培植学生的好奇心

牛顿、瓦特、爱迪生、陈景润等一批卓有成效的科学家，小时候都有很强的好奇心。他们受这种好奇心的驱动，才变得勤于动脑钻研。我们要懂得利用学生的好奇心，让学生主动去寻找答案，主动去探索，在探索中尝到成功的甜头。有的班主任对学生的好奇心求全责备，认为好奇心强的学生是爱捣乱的学生，这样会扼杀学生的好奇心，打击学生的积极性，也不利于师生间的沟通。

班主任要想很好地运用"攻心术"，需要具备以下特质。

（一）控制自己的情绪

当发现学生出现问题或者犯错误时，班主任情绪不能失控，因为这样很容易与学生当众发生冲突，使"攻心术"不能继续下去。要想保持良好的情绪，班主任平时需要不断提高自己的修养，这样才能在批评学生时，控制好自己的情绪。

（二）了解学生的心理

实施"攻心"式批评，班主任要多在工作之余研究学生心理，要知道每一位学生的真实想法，而不能相信自己的臆断。班主任应首先攻克学生的心理壁垒，然后想办法消除学生的不当行为。

（三）善于随机应变

学生心理是千变万化的，面对具体场景中的突发情况，班主任要随机应变，及时调整自己的情绪和教育策略。学生的心灵是敏感而脆弱的，不同年龄段的学生有不同的心理特点，班主任应根据实际情况及时做出调整。

（四）多为学生考虑

班主任要注意从心理上为学生考虑，考虑他们的理解能力、承受能力，考虑他们的自尊心是否会受到伤害，使他们减少对批评的戒备心理，消除抵触情绪，进行自我反思。这样才能取得预期的沟通教育效果。

在班主任与学生沟通的过程中。要想打开学生紧闭的心灵之门，一定要懂得运用"攻心术"，使学生对自己产生认同，心悦诚服地接受教育，这才是沟通的上策。

二、班主任与学生谈话要保持冷静

苏联著名教育家 A.S. 马卡连柯在其名著《教育诗》中，有这样一段描写：

一个冬天的早上，我让一名叫扎托罗夫的工学团团员去砍柴给厨房用。谁知扎托罗夫却挑衅似地答复："你自己去砍吧，你们的人多得很。"这个时候，我又恼又恨，过去几个月的种种事情把我逼到绝望和疯狂的地步。我扬起手对扎托罗夫的脸就是一记耳光。这一记耳光打得很重，他站不稳了，一下子倒在炉子上。我打了第二下，抓住他的衣领把他拉了起来，又打了第三下。我的怒火是那样疯狂而不可遏止。我觉得，如果有人说一句针对我的话，我就会向那人扑过去。

情绪是人的一种正常的感情，班主任也是有情绪的。但作为一名班主任，如果在处理学生问题时冲动，并且诉诸武力，会伤害学生的心，加深师生之间的隔阂。这样一来，师生之间根本谈不上沟通，失控的情绪已经让事情糟糕到了极点。

我们的教育对象是情感丰富、朝气蓬勃的学生，他们思维活跃，善于思考，有着强烈的自尊心，也会犯各种错误。作为教师，不论遇到什么情况都必须意识到"我是教师"，从而自觉地把自己置于"教育者先受教育"的位置上。在正确分析和判断教育情境的基础上，班主任应有效地调节和控制自己的心理和行为，保持心理平衡和稳定的情绪，让师生间的沟通在良好的氛围中进行，从而取得较好的教育效果。

【案例】

多年的班主任工作使梁波老师意识到，在处理学生问题时，一定要克制，要理智，要冷静。这是师生良好沟通、解决问题的基础。

有一年开学不久，学校要进行风纪仪表检查。梁老师先在班上讲了学校对仪表进行统一规范的意义。然后，梁老师再指出班里哪些学生的头发是不合规的，并且告诉他们放学后去剪掉。

第二天，大部分学生都按要求剪了发，只有小伟、小进、小浩三个人没有剪。梁老师把三个人一个个单独叫出教室谈话，结果小进和小浩接受了立刻出去剪发的处理。小伟呢，说他头发不合规，他没有意见，说让他出去剪头发，他却说："我不去。"

"为什么不去呢？"梁老师问。

"我过来是为了学习的，不是为了剪头发的！"小伟理直气壮。

"你连学校最基本的要求都做不到，怎么学习啊？赶紧去把头发剪了，然后回来上课。"梁老师好言相劝。

"我不去。"小伟很固执。

"这是学校的规定，目的是使同学们能够安心学习。去吧！"梁老师继续耐心地劝导。

"不去。"小伟仍不同意。

"真的不去？"梁老师有些生气了。

"说什么我都不去！剪不剪头发是我的自由，你无权管我。"小伟顶撞道。

"你……"梁老师真的有些生气了。但他想了想，最终忍住了心中的怒火，"好，不错。来学校是为了学习，理由不错。你先回去上课吧，我课后再找你。"

小伟转身回去上课了，但梁老师的火气还没有消。他努力使自己冷静下来：这件事还没有完，小伟的头发是必须剪的，但怎样才能让他明白道理，心甘情愿地把头发剪了呢？为什么他坚决说不剪呢？其中会不会有什么原因？

想到这里，梁老师拨通了小伟家的电话，把今天发生的事跟他母亲述说了一遍，然后向她了解小伟的情况。梁老师从谈话中得知，小伟从小就是个自尊心特别强的孩子，爱面子，不能在同学面前出丑，还吃软不吃硬。

哦，原来如此，在和小伟的家长通完电话后，梁老师想：既然课堂上把你叫出来，你心里不能接受，那我就在下午的体育活动中和你聊。于是，下午体育活动的时候，梁老师边和小伟聊天，边和他谈了剪发的事情，态度非常随和，最后终于做通了小伟的思想工作。

第二天，小伟就剪了个非常标准的发型回来。梁老师为此还表扬了他，让他的自尊得到了满足。从此，小伟再没有和梁老师顶撞过。

从案例中可以看出，小伟是一个执拗的学生，梁老师好言相劝让他去剪发，他却坚决不同意，还对梁老师出言不逊。哪个老师能不生气呢？但生气能解决问题吗？不能。

梁老师明白，要想让小伟去剪发，发火是没用的，还会因此阻断师生间的沟通渠道，所以他压住了怒火，冷静对待这件事情。梁老师通过与小伟父母电话沟通了解到，小伟是个自尊心很强的学生，他之所以与自己顶撞是自己没有选对解决问题的场合，在课堂上把他叫出来，让他感到很丢面子。找到了原因，梁老师选择课下和他谈论这个问题，而且态度和善，小伟很快就答应了老师的要求。试想，如果梁老师当时忍不住对小伟的顽固行为大肆批评，他还会有心情去调查事情的原委吗？即便他这样做了，小伟也会心生芥蒂，梁老师再与他沟通，就会多出一道隔阂，使交流充满阻碍，无法顺畅进行。

因此，班主任在面对学生的错误时，要像梁老师一样保持冷静，以正确的态度和方式来处理事情。

（一）用宽容对待学生

当学生有不良行为时，我们千万不能操之过急，不可一时激愤而把师生关系搞僵。这会影响双方的沟通交流，不利于问题的解决。

"好的关系胜过很多教育。"这句名言是极有道理的。想一想，学生毕竟年龄小，各方面的思想都不成熟，有时做事太主观、太情绪化，需要教师引导。所以班主任千万不要和学生太计较，要"动之以情，晓之以理"。

当然，我们不能把班主任对学生的关心和爱护仅仅理解为用慈祥的、关注的态度对待他们，甚至理解为姑息迁就或懦弱回避，而应当同合理的严格要求相结合。

（二）要有对策

学生有不良表现时，班主任提出批评是必要的，但态度和策略很重要，最好让它轻轻地来、悄悄地走。

比如，对于课堂上个别学生的走神、小声讲话等行为，我们可以通过注视、停顿或走到学生身边去来引起他的注意，暗示他："老师已经注意你了，请你改正。"这样不但对整个课堂没有多大的影响，而且其他学生也不会因老师的发火而被打断思维。别小看这些动作，我们虽小，作用却大，也是冷静沟通的好方法。

另外，也可以让调皮学生来回答问题。这时候我们对他提问，正常情况下他是回答不出来的，但学生违纪的行为已自然停止，目的已经达到了，也就不必再与他计较了。不然，又会人为地制造沟通障碍。

（三）要给学生缓冲的机会

对于学生的违纪行为，有些班主任常采用发火的方法，想通过发火让学生心生敬畏，让学生加深印象，不要再犯同样的错误。可事实证明，这样不但于事无补，还会让沟通失去良好的基础。

如果对大事小事都发火，学生就习以为常，见怪不怪了，而班主任的发火就失去了相应的价值。事实上这也在向学生传递一个信号：对这事，老师没有办法了。本来，当学生违纪后，大多数学生内心充满了不安。如果老师发火了，就抵消了学生的不安，学生也就无所谓了。这时，老师再说什么，他都不会放在心上，甚至懒得与老师沟通交流。在学生看来，老师的沟通方式就是发火。既然如此，又何必向老师辩解呢？

其实，最好的方法是先给学生上课，让师生间的情绪都冷却一下，下课后再到办公室沟通，这时，双方的情绪都平静下来了，沟通起来也会客观一些，问题相对也就会容易解决。

那么，班主任如何控制和调节自己的过激情绪，为沟通打造良好基础呢？

1. 爱心移情

父母对自己孩子的爱是最伟大、最无私的。如果我们每位教师都将学生当作自己的孩子，把对自己孩子那种伟大、无私的爱移情到学生身上，好多所谓的问题矛盾都将不复存在，沟通也就不存在什么障碍了。

2. 换位思考

从某种意义上讲，学生有错误举止是难免的，不足为怪。想想自己，在学生时代也干过蠢事，说过错话。通过换位思考，将心比心，说服自己宽容和谅解学生。这样我们便会怒气全消，理智地处理问题，赢得学生尊敬。这时，还会有什么不能交流的呢？

3. 自我检讨

"百怒之源，起之于辱。"所以当问题出现激化时，班主任要及时做自我检讨，自我反省，认真思考侮辱之来源和自己有无辱人之处。如果有，即使再小，班主任也要做好解释说明工作。

4. 自我提醒

有的班主任性情暴烈，易冲动，容易产生过激情绪。这类班主任要时刻提醒自己，不要发怒，有必要的话可以在办公室、办公桌、课本、教案上写一些名言警句，告诫与提醒自己，预防发怒。

5. 发展看待

V.A.苏霍姆林斯基曾说过："从我手里经过的学生成千上万，奇怪的是，留给我印象最深的并不是无可挑剔的模范生，而是别具特点、与众不同的孩子。"

在学校里令班主任大伤脑筋的常是调皮淘气的学生，而这些学生犯错，更使班主任不能容忍。遇到这种情况，班主任不妨控制住否定的评价情绪，多在印象中搜寻该生的闪光点，用发展的观点来看待学生，使自己心平气和，对学生因势利导。

6. 重新评价

在教育教学中遭到学生的反抗时，如果班主任暴跳如雷、气急败坏地给他们扣上不尊师守纪的帽子，狠狠地批评一番，最终只能阻隔师生的沟通。

反之，换个角度去想，可能是由于自己思想的局限性，引发了学生的不满反抗；也可能是由于学生本身的独立性要冲破依赖性的束缚而反抗班主任的管理指导。班主任只有弄清原因后再对症下药，才能化解学生这种反抗的对立情绪。对立情绪解除了，才会有平静的沟通交流。换个角度重新评价吧，也许事情并不像我们想象的那样糟糕。

7. 气息调节

当自己即将发怒时，班主任应该用气息调节稳定情绪，待自己的情绪心境恢复正常后再处理遇到的问题。具体做法是：双目微闭站立，目视鼻尖，缓吸缓收，一般即可恢复平静；如若不行，还可以双手轻抚太阳穴。

8. 谈话倾诉

当班主任遇到烦心郁闷的事或感到委屈时，在发怒之前，找自己的好友、同事、领导或其他人进行交流，倾诉自己的心事，把自己心中的郁闷委屈统统倒出来，心情肯定会好一些。

9. 音乐排怒

科学实验和生活经验告诉我们，音乐是排除怒气的一剂良药。当即将发怒或已经发怒时，听上一段音乐，旋律优美的曲子会驱散自己的忧愁、烦恼、怒气，同时也能陶冶自己的情操。

10. 运动释怒

当班主任感到很大的委屈或愤怒时，可以挑选自己平时比较喜欢又活动激烈的体育项目，去做运动，这样委屈、愤怒会随着汗液一起流出，很快就会收获一个快乐的心情。

11. 暂时回避

有时师生之间矛盾冲突已经发生，双方都很激动，头脑不够冷静。在这种情况下，班主任应当冷静，应该"走为上计"，并且默默地对自己说："我现在正在气头上，如果我意气用事，或许会带来后悔莫及的结果。"留下的问题等到第二天双方都冷静思考后再处理，这样会创造一个沟通的平台，更容易解决问题。

喜怒哀乐，人之常情。班主任也是食人间烟火的凡人，情绪也会受到周围事物的影响。但作为教育者，要懂得"亲其师，才能信其道"，这就是常说的教育的过程也是情感交流的过程。

学生犯了错，班主任应该教育批评，但要克制冷静，以良好的心态与学生沟通。在沟通的过程中，要处处不忘尊重学生，鼓励学生。美国著名教育家 J. 杜威曾说过："尊重的欲望是人类天性的最深刻的冲动。"尊重一位德高望重的人，一位事业有成的人，尊重我们的上级，都很容易，但尊重学生，尤其是一个品行、学习各方面存在问题的学生，需要班主任一颗充满爱的心。

三、班主任应学会从学生角度看问题

教育应该以人为本。理解学生，站在学生的角度考虑问题，才能用合适的方法去教育学生。

在学生的眼里，这个世界无比绚丽，那是我们成年人在日常生活中无法领略到的神秘世界。对于学生，班主任如能换位思考，师生间就可以多一些鼓励，少一些责备；多一些关爱，少一些摩擦；多一些了解，少一些误解；多一些理智，少一些盲目……

每一位班主任都应该学会换位思考，站在学生的立场上思索问题。换位思考，不仅是一种思维方式，更是为人师者的人生境界。

【案例】

全国模范教师、为保护学生而英勇献身的殷雪梅老师，生前是江苏省金坛市城南小学的一名高级教师。但却很少有人知道，有着近30年教学经验的殷老师是个师生沟通的能手，且深受学生爱戴。

"殷老师，你可得好好管管那帮淘气鬼。气死我了！"数学老师一走进办公室，就怒气冲冲地对殷老师嚷道。

"怎么了？"殷老师惊讶地看着对方。

虽然作为二年级（1）班的班主任，殷老师早就习惯了老师们对学生的告状，班上那些男孩子们几乎每天都要上演一出好戏；

但是，看到一向脾气好的数学老师头一次这么生气，殷老师还真有几分意外。

"你去问问波波那个小鬼吧！"数学老师抛下这句话就头也不回地摔门走了。

到底怎么回事呢？平素温柔的数学老师居然这么生气？殷老师无奈地摊了摊双手，她站起身往教室的方向走去。该怎么问波波呢？这小鬼经常恶作剧。这次又做出什么事了？殷老师一边走一边琢磨着。

就在这时，殷老师忽然发现，波波正无精打采地朝办公室这边走来。走到殷老师跟前，波波一脸郁闷地说："殷老师，我想告诉你，我再也不想上数学课了。数学老师她坏透了，对我很凶，像巫婆一样骂我，我受不了了！"

殷老师微微一笑："我知道，波波，数学老师大声骂你很不好，这让你在同学们面前很丢脸。难怪你这么生气，我相信，没有一个人喜欢挨这样的批评。"

波波听了殷老师的话，眼泪立即夺眶而出，哭得十分伤心。

殷老师又说："告诉我，数学老师为什么要骂你呀？"

"课间休息时，我在校园的草丛里抓到了一只很大的七星瓢虫，想用纸包住放在书包里，小利却非要把它偷偷塞进阿丝的口袋里。上课时，瓢虫爬了出来，阿丝胆小，就哭了起来……"

很明显，波波有做得不对的地方。殷老师本可以就此大加批评，但相反，她却不动声色，继续引导波波："我看数学老师不该批评你。一只瓢虫有什么了不起，阿丝是故意大声哭的吧？"

波波说："阿丝特别怕小虫。我告诉过小利，别去惹她，可小利不听，最后弄得阿丝在课堂上哭叫！"

"你没有阻止小利吗？"

"我想过，但是……"波波低下头，不知道说什么好。

"不过，如果是别的老师，也许不会这样斥骂你们，对吧？"

"要是遇着体育老师，他非得揪我们的耳朵不可。"

殷老师忍不住笑出了声："波波，你和小利再试试看，在体育课上再玩玩瓢虫。"

"不敢。"波波摇着头，"他的课，谁也不敢。"

"呵呵，原来你们捉弄阿丝，是猜准了数学老师不会收拾你们！"

"她平时说话细声细气的。"波波终于说出了实话。

"就因为她平时说话细声细气的，你们才敢在她的课上玩七星瓢虫？"

波波再次低下了头。

"好了，波波。"殷老师拍拍他的肩膀，"好玩是孩子的天性，我小时候比你还调皮呢。你想玩七星瓢虫也没有什么不对的，等到放学后，你完全可以玩个够，但在数学课上玩就不对了。你今天把数学老师气坏了，所以她才骂了你，事情全是因你而起啊。当然了，数学老师也有点过分，可能把你骂得太惨了，我会劝她以后要更温柔一点。现在听我说，孩子，去向数学老师道个歉，怎么样？"

波波点点头："我知道了，我这就去！"

一个不墨守成规的老师，一定是个有趣的老师！乐观、幽默、大度的老师造就了勇敢、坦率的学生。殷老师与波波的沟通，再一次证实了这个道理。

按常理，殷老师完全可以继数学老师之后，狠狠地再批评波波一顿。但殷老师的巧妙，在于她并没有简单地指责波波，而是站在波波的位置上引导他思考，启发他反思，最终得出了结论：自己有错在先，才惹得数学老师情绪失控。这样一来，殷老师不仅顺藤摸瓜查明了原因，还解决了问题，可谓一箭双雕。

很多时候，学生或许完全错了，但他们并不这样认为。此时班主任最好不要直接去指责他们，而是要努力找出其中的原因，学生们特定的思维及行事方式总是有某种缘故的。

班主任还应该把自己置换到学生的位置和角度去思考一下：假如我是学生，犯了错误的时候我的心情会怎么样？我希望老师会怎样对待我？当我在学习或者生活上遇到困难的时候，我最希望得到什么？如此想来，就不会再以简单粗暴的方式来对待学生了。

在日常教学中，班主任应如何针对不同情况的学生进行换位思考，进而达到良好的沟通目的呢？

（一）了解学生的个性差异及成长环境

学生们因为生长环境的不同而具有不同的性格、个性、智商和情感，甚至不同的世界观和人生观，班主任在教育学生时要准确地认识到每个学生的个性。

【案例】

詹姆斯6岁时，母亲离家出走，他被父亲寄养在伯父家中。詹姆斯自小就性格孤僻，常无来由地动手打女同学。老师的批评教育根本不起作用，学生们无一不讨厌他。

后来，詹姆斯的老师杰琳卡女士了解了他的成长背景后，便开始补救他那缺失的母爱，譬如与他谈心，以表达对他不幸的理解与关爱，经常鼓励他参加社区活动，鼓励他自爱自强，不要怨天尤人，鼓励他与同学友好相处。经过半年多的努力引导，詹姆斯对女性的偏见渐渐消除了，并能与同学融洽地相处。

（二）鼓励学生也应换位思考

换位思考应该是双向的，班主任不仅要站在学生的角度上为学生思考，也要让学生站在教师的角度上来看问题。

一个聪明的班主任，可以试着让学生站在教师的角度上去看问题，从而达到双向沟通的目的。比如，班主任可以组织学生备课、讲课、批改作业。这不仅给了学生锻炼胆量和能力的实践机会，更为重要的是，通过亲身参与，使他们加深了对教师职业的了解，体验到了教师教学之辛苦，真正做到了与教师心与心的沟通。

总之，一个优秀的班主任应该时刻学会换位思考，站在学生的角度上看问题，如果这样，你会发现，没有什么问题是解决不了的。换一个位置去思考，你就会明白学生眼里为什么会有那么多问题与不明白。

换一个位置去思考，它会给你带来意想不到的惊喜，甚至所有因学生而带来的不愉快都会因此而烟消云散。

四、尊重学生的人格，保持平等心态

经常有这样的场面：教师端坐于椅子上，学生则站立在其对面。且先不论他们谈了什么，仅从其不同的姿势上看，教师以"绝对"权威自居，凌驾于学生之上。这极易造成学生情绪焦虑、紧张或缺乏自信心等。同样，很多师生相遇，总是学生先向老师问好，很少有哪位教师率先向学生问好。种种细节表明，虽然大多数教师嘴里喊着平等，但其潜意识中认为师生间是不平等的。这种错误的态度，决定了师生交流上的不顺畅。

让-雅克·卢梭曾经指出："人生来就是平等的、自由的。"师生之间的关系就应该是一种平等关系。虽然就学科知识、专业能力、认识水平来说，教师远在学生之上，但就人格而言，师生之间是天生平等的。

师生平等交流不仅意味着在平等基础上师生的灵魂交融，还意味着教师对学生的尊重，它有助于相互信赖、相互理解。要想让师生间沟通无阻，班主任应该主动把自己的地位降下来，把学生的地位升上去，让学生坐下来谈话，师生之间平等地对话，产生心与心的沟通。

【案例】

一个春日融融的午后，鲁老师刚踏进教室，就闻到一股刺鼻的杀虫剂药水的味道。

这是怎么回事？鲁老师还未开口，就接到了男生梁子的投诉："老师，陈立不仅拿杀虫剂往我们身上乱喷，还对我们的制止置之不理。"

唉，又是这个陈立！鲁老师心里十分气恼。当他正思忖着该怎样处理这件事时，在一旁擦黑板的陈立早已啪的一声扔下黑板擦，怒气冲冲地拖出了梁子的书包，狠狠地往走廊上一摔。书包里的文具全遭了殃，撒了一地。

"陈立！"鲁老师喊道。

他转过身，瞥了鲁老师一眼，竟然若无其事地继续擦黑板。

鲁老师气得嘴唇发青。

其实在鲁老师接手该班之前就已经听说过陈立的种种"劣迹"。他成绩不好，还脾气暴躁，爱与同学打架，经常谩骂、欺负同学。对于老师的批评，轻则顶嘴，重则摔桌子夺门而出。

其他老师一提起他就摇头，并互相告诫："对这家伙要敬而远之。"

因为陈立这个烫手的山芋，鲁老师是如履薄冰：一方面利用班会课教育学生，同学之间要互相谦让，不要因为小事而斤斤计较；一方面密切地关注陈立的一举一动，对于他的小打小闹温言相劝，总担心他捅出什么娄子让自己收拾。

好在陈立还算有点争气。鲁老师来了一个月，还没闹出什么出格的事情让他难堪。可今天，这个马蜂窝到底还是被捅开了。

陈立回到了他的座位，发现鲁老师依然站在讲台上瞪着他，于是，他便也挑衅般把书桌高高地搬起，又使劲地放下，"啪！"又一声巨响。

学生们的目光全落在鲁老师身上，都想看老师怎么处理这件事。真棘手啊！

鲁老师定了定神，压住怒气，轻声说道："陈立，下课后，到我的办公室，我要和你谈谈。"他又转过头对全班学生说："我们先上课。大家要认真听，我这节课讲的内容很重要。"

课后，陈立跟在鲁老师身后来到了办公室。鲁老师搬过一把椅子，叫陈立坐下。

这时，刚刚还一脸无所谓的陈立竟然红了脸："不用了，老师，我站着就行了。"

"来，陈立。你坐下。我不批评你，只是想和你谈谈心，聊聊天。你站着，我要和你说话时就得仰着头，不舒服。"

陈立只得坐了下来。

鲁老师开始沉默了，因为他确实还没想好该如何去与这个素来恶名在外的学生谈心。为了不至于被对方看出自己的尴尬，鲁老师起身给陈立倒了一杯水，并递了过去。

当陈立诚惶诚恐地接住水杯时，他的眼神终于柔和了下来。

几分钟过去了，陈立主动开口了："老师，我知道我犯了错，我欺负了同学，对您不尊敬，您骂我吧。"

"嗯，好，知道错了就好。你和我说说，你下午为什么用杀虫剂喷同学，为什么脾气那么暴躁？如果是他们的错，我自然也会批评他们的。"鲁老师尽量温和地说道。

陈立不断地点着头，完全没有了课前的霸气与嚣张。

············

第二天，鲁老师意外地收到了一份保证书，是陈立写在周记里的。他这样写道：

"老师，我知道我有很多缺点，比如脾气不好，爱打架，上课也不认真听讲等。其实，我曾经并不是这样的。我原是一个很懂礼貌的人。可是后来，我发现，我尊敬老师，可别的老师却不尊重我。而且，我的所作所为还被以前的老师们视为应该的，这太不公平。

"从来没有一位老师让我坐下来说话，每回都是他们坐着，甚至还跷着二郎腿，而我则要笔直地站在他们面前。我讨厌这种老师。

"老师先生，对不起了。你是我见到的最好的老师。我请求你帮助我改正缺点。我很喜欢你讲的课，也很喜欢和你谈话。唯有在你这里，我才能找回失去的自尊……"

鲁老师拿着这份保证书，久久说不出话。最后，他终于轻叹了一句："教育中没有尊重学生的意识，教育就成了害人的东西了。"

鲁老师无心中营造出来的平等、自由的交流氛围，为师生间的交流做了绝佳的铺垫。在这样的氛围中，沟通反而取得了最佳效果。

但正是这种"无心"之举，反映出了鲁老师潜意识中固有的师生平等意识，这才是鲁老师与陈立成功沟通的最根本原因。

鲁老师只不过给陈立搬了一把椅子，倒了一杯水。这两个很小的动作，无意或有意表现出来的宽容、理解和平等，让陈立谈出了他真正的动机，谈出了他真实的想法。

教育是心灵的艺术。师生交流的每一个细微环节都应该充满对学生的理解和感染，应该体现出平等的现代意识。教师应从高居于学生之上转为与学生平等共存，实现与学生心灵沟通的零距离。

真正的平等，并不是那些震天响地大喊着的口号，而是表现在我们与学生交往的每一个细节当中。要真正地实现师生间的平等沟通，就需要班主任和所有教师在平时的教育和生活中处理好以下细节。

（一）学生向老师敬礼问好时，老师必须还礼问好

陶行知先生曾经说过："我们最注重师生接近，人格要互相感化，习惯要互相锻炼。"

在楼梯口、操场上、教室旁，几乎随时随地会见到学生向经过的老师敬礼致敬，说"老师好"。老师呢，视若无睹者有之，面无表情者有之，扬长而去者也有之，这些都使学生内心大为受挫。这些细节反映出，一些为人师者内心深处并不曾将自己与学生的人格放在平等的地位。长此以往，学生见着老师往往就不再敬礼和问好了，师生间交流和沟通的路子也就此堵死了。

学生向老师敬礼和问好，其实也是主动向老师做简短沟通的一种方式。而老师们则必须有相应的回应方式，哪怕仅仅出于礼节。因此，当学生向老师敬礼问好时，请老师也向学生深深地鞠一个躬，敬一个礼。

（二）用"请""帮忙""谢谢"等文明用语

相对于老师而言，学生们同样拥有独立的人格，拥有自由的意志，拥有丰富敏锐的内心世界，拥有舒展生命和表达自己的欲望。因此，在与学生沟通的过程中，班主任不要以绝对真理的拥有者自居，不做"教唆者"，不当"留声唱片"，要多用"请""帮忙""谢谢"等，使每一名学生都能感受到自主的尊严，感受到独特存在的价值。

只有这样，师生关系才能亲密无间、自然亲和，沟通对话也才能在心灵的层面上进行。

（三）蹲下来和学生说话

小学生的个头还比较矮，班主任要改变过去那种居高临下、俯瞰学生的传统习惯，蹲下来，与学生的视线保持平齐之后，再和学生说话。

比如，美国著名的教育家肖恩·劳伦教学生读单词pencil（铅笔）和book（书）时，一手拿铅笔，一手拿一本书，逐个教学生发音。每到一个学生面前，他都要先蹲下来，摸摸学生的头，然后才教其发音。如果学生读对了，他就把铅笔奖给学生。

"蹲下来和学生说话"，这不仅仅是一种单纯行为的表现，更是一种视学生为平等个体的教育观的直接体现。

（四）走下讲台，和学生做朋友

V.A.苏霍姆林斯基说得好："一个好教师意味着什么？首先意味着他是个热爱学生的人，感到跟学生交往是一种乐趣。他相信每一个学生都能成为一个好人，善于跟他们交朋友，关心学生的快乐和悲伤，了解学生的心灵，时刻都不忘自己也是个学生。"

因此，班主任要变"一日为师，终身为父"为"一日为师，终身为友"，走到学生中间去，和学生建立一种朋友式的关系，去亲身感受他们的喜怒哀乐。与学生平等地商讨问题，畅谈个人的喜怒哀乐，不盛气凌人，不强人所难。班主任可以把自己作为生活中普通一员，与学生一同参加各种活动，实现共娱共乐。

每一次师生平等的对话活动都能产生一种推动力，都会使师生双方的心灵获得慰藉，思维产生飞跃，认识得到升华，人格走向完善。平等对话是师生之间进行心灵沟通的美好开始。它就像一幕戏的引子，预示着剧情的发展和结局。

第四章

班主任实际工作中的常见问题

第一节 班主任与课堂管理

同所有教师一样，班主任首先要做好课堂管理。

一、处理课堂上的师生冲突

【案例】

上课的时候，突然一个纸团从一个男生的抽屉里飞了出来，学生都叫了起来。班主任非常生气，快步走到那个学生旁边，严厉地训斥道："你为什么上课乱抛纸团？全班纪律都乱了。"这个学生说："我没抛纸团。"班主任越发生气："做了错事还不承认。我明明看见纸团是从你这里抛出去的，还想抵赖？"这个学生也发起了脾气，出言顶撞道："我说不是我，就不是我！"班里纪律更乱了。德育主任被同学们的喧哗声吸引过来，将学生带出了教室。课后，班主任才了解到，那纸团确实不是这个学生抛的。

上面的案例告诉我们，如果班主任错误地干预学生违纪行为，就会产生课堂冲突；如果班主任误解了学生，教育行为失当，再加上学生的逆反心理，必然激发课堂冲突，致使局面僵化。

课堂冲突的原因是两方面的。一方面是教师的教育行为失当。许多教师认为，管束问题学生的唯一办法就是要"狠"，必须压服他们，务必把他们的锐气磨平。由此，教师在师生矛盾发生时往往不能对学生一视同仁，甚至拿某个问题学生开刀，以便"杀一儆百"。另一方面，处于青春期的中学生对成人和与之发生冲突的教师、对家长普遍抱有成见（主要以逆反心理的形式呈现），但很多教师却对中学生这一年龄阶段的特殊心理现象认识不足，不能客观看待，更缺乏预设的应对策略。教师反复训斥或命令学生，学生拒不执行，师生双方互不相让，争执不下，致使陷入僵局。一旦发生言语冲突，如果教师忍不住火气，化解不了僵局，不能平息冲突，甚至失去了对自己的语言和行为的控制力，致使言行出格，那么对抗性冲突就会发生。

【案例】

马老师一抬头，忽然发现坐在后排的两个男生没做笔记。他们把头凑在一起，似乎在交谈什么。马老师心里火了：这么重要的内容居然不做记录。于是，就叫了其中一位男生的名字，问道："你怎么在讲话？"原以为他会因为被老师发现而有所悔改，谁知他生硬地说："我没讲话。"马老师想，有这可能，因为自己也没看清他们到底在做什么，但为了显示一下自己的尊严，马老师又问了一句："你记笔记了吗？"更出乎马老师意料的是，学生的口气比原先更僵硬，声音音量也提高了，回答道："没记！"大有"看你把我怎么样"的弦外之音。

马老师更恼火了。课堂气氛顿时紧张起来，刚刚还低着头看自己笔记的学生也不约而同地抬起了头，脸上凝着紧张的神情，用略带惊慌的目光注视着马老师，无奈地等待一场劈头盖脸的训斥。这时，马老师真的想好好地维护一下自己的脸面，狠狠地批他一顿。但转念一想，毕业班的学习本来就很紧张，如果再小题大做，不仅会影响自己上课的情绪，更会影响学生的学习情绪，白白耽误了一节课不说，更不利于今后与学生之间的交流。于是，马老师灵机一动，把目光转移到他同桌的身上，顺便缓和了语气问："××，你好像记了一些，是吗？""老师，嗯，我记了。"

这位学生见状，机警地答道。"那好，下课给我检查一下。""啊，要检查呀。"他的话音刚落，教室里就响起一片笑声，课堂气氛顿时缓和下来，又回到轻松愉快的气氛中来了。

这则案例给我们的启示是：教师如果能控制住自己的"火气"，规范、调控好自己的言行，表现出良好的人格修养和较高的教育技巧，一般可以淡化或熄灭课堂冲突。

其实，面对纪律较差的课堂，如果不分青红皂白呵斥，往往会适得其反，即使有时奏效，也有损教师风度。这时，可以暂停讲课，微笑着，沉默着，让学生自己省悟；也可以不受干扰，旁若无人地继续，尽量使教学语言更有吸引力；或者机智提问，吸引学生思考。总之，要对学生有一个善意的认识，肯定他们不是故意让老师难堪。

所以，班主任应加强自身修养，规避课堂冲突。

（一）正确对待课堂中的师生矛盾

由于教育教学过程中师生矛盾的客观存在，师生冲突的发生亦是难免的。中学生正处于青春期这一特殊年龄阶段，其身心急剧变化造成自主意识增强、情绪不稳定、自控能力较差和逆反心理增强等问题。再加上中学教师普遍存在的压力大、自身心理素质不过关等问题，导致中学阶段成为师生冲突的高发期。

（二）提高成功化解师生冲突的技能技巧

师生冲突一旦发生，对于冲突走向，教师起着决定性的作用，是事态演变的主导方。而教师出格的言行会直接导致师生间一般性冲突的激化。要将之控制在一般性冲突的范围内，尽可能地避免对抗性冲突的发生，关键在于教师要控制住自己的火气，规范、调控好自己的言行，务必使言行符合自己的角色特征。而这恰恰要求教师具备现代的学生观、良好的人格修养和较高的教育技巧。

（三）创建一个宽松的育人环境

愈演愈烈的升学竞争导致过重的学业负担以及师生心理健康危机，在某种程度上扭曲了正常的师生关系，极易诱发师生冲突。如果社会能给学校一个宽松的育人环境，给学生一个宽松的成长空间，那么课堂冲突必然会减少很多，课堂也将有一个良好的教育生态环境。

二、处理课堂上的意外状况

【案例】

（一）

班主任的语文课是今天上午最后一节课。尽管同学们已经很疲惫了，但大部分同学仍很投入。可就在这时，捣蛋鬼小均坐不住了。他喝了一口水，扣上盖，然后扔起了水壶。水壶飞起又落下，他伸出手稳稳地接住。班主任一边盯着他，一边继续讲课，可他根本没有在意老师对他的目示，仍然我行我素，发出的声音直接影响了其他同学的听课效果。

班主任本想严厉地点名批评，但他灵机一动，突然想起了昨晚电视里的一幕：演员把香烟高高抛起，香烟悠悠地落下，他居然用嘴巴准确无误地接住了，悠然地叼着，赢得了观众阵阵掌声。班主任定了定神，说："××，我看你水平挺高的，看过表演嘴接香烟吗？你干脆来个嘴接水壶怎么样？"该生愣了一下，不好意思地收起了水壶。

（二）

班主任在与陈柱见面之前，已有老师跟她说："这个班的陈柱是个活宝，若你能制服他，那这个班级就会太平，否则——"

在有这样提醒的基础上，见学生时，班主任首先注意到了陈柱。他是一个挺帅气的男孩，从他那双调皮的眼睛中，班主任发现了他的聪慧。而在班主任关注他的同时，他也正侧着脑袋看着班主任。这时，班主任让他们简单地做个自我介绍，他站起来说："俺老陈——"他的话刚一开口，下面已是笑声一片，而这正是他想要的效果。他一边扭动着身体，一边歪着头看班主任的反应，"下面，请老师自我介绍。"

班上颇有名气的"活宝"，向班主任发出这个略带挑衅的问题，班主任该怎么接招？给他一个严肃的下马威，还是……

班主任笑了笑，在黑板上写下了自己的名字，又说："陈柱是陈家的柱子。我呢，因出生在凌晨，父母希望我能有芬芳而取了这个名字。""陈家的柱子？"他重复了一句，"我是陈家的柱子。嘿嘿，有意思。"他似乎满意地坐下了，而班主任的话显然也引起了其他同学的兴趣，纷纷要求班主任也给他们诠释一下名字。

事后，陈柱曾跟班主任提过这件事，他说："老师，当时我是想给你难堪，没想到，你居然把我比做陈家的柱子！老师，你知道吗，还从来没有人这样评价过我，所有的人都说我是混世魔王。我喜欢你，老师！嘿嘿——"他不好意思地挠挠头。初次见面，班主任就赢得了他的信任。

上面两则案例给我们的启示是：面对课堂内部学生制造的意外，班主任如果巧妙处理，不仅可以在课堂上占据主动，还能赢得学生的喜爱。

青少年处于成长期，好动调皮是正常的，所以有学生在课堂上起哄也很常见。学生的起哄常常是非恶意的，如果利用好，甚至可以用来活跃课堂气氛。所以班主任一方面要以正常的心态来对待学生的插科打诨，另一方面要注意引导，维持或巧妙地活跃课堂。

"陈家的柱子"只是一句十分简单的话，却反映了新来的班主任的机智。他抓住学生插科打诨的机会，并把它转化为教育机会，巧妙地把坏事变成了好事，不仅在课堂上稳住了阵脚，占据了主动，而且还赢得学生的信任。

【案例】

有一次，某班主任裤子后面破了个洞，可他却没发现，仍然非常投入地上课。坐在第一排的两个学生十分心疼他们的老师，不想让大家看见班主任这个小小的不雅，就紧急想出个办法——在那张椅子他每回落座的位置上反放了一块胶布。可是，班主任却偏偏没坐准位置，以至那块胶布不仅没有贴到破洞上，反而"生动无比"地挂在裤子上了。于是班主任一走一扇乎，引得全班同学大笑……

可也就在这时，发现这一切的班主任不仅一点也不慌乱，反而极幽默地说了一句："这叫什么？这就叫异峰突起，这就叫意想不到，异峰突起的直接效果是笑，而对付意想不到的最佳策略就是随机应变。既然这个地方出了一个不雅的故障，我就有了百分之百坐下来讲课的理由。请多关照，本人这就就座！"说着，教师从容落座，教室里也随之响起一片愉快的笑声。

上面的案例给我们的启示是：班主任在课堂上出现意外状况时，最好能大方幽默地处理。这样既不会耽误上课，又不会影响教师在学生心目中的形象。

课堂上不只是学生会出意外状况，教师可能也会出意外状况。

案例中，班主任裤子后面破个洞，这对班主任来说本来就是件十分丢脸的事。更让他丢脸的是，学生还在他的裤子后面贴了块胶布，尽管是出于好心。此时，如果教师生气，课就进行不下去了，搞不好就成了学生的笑话。如果因此而批评同学，更会显得教师狭隘小气。上面班主任的做法就十分妥帖而巧妙，以一个笑话把尴尬的局面化解了：既避免了自己继续出丑，又在一定程度上接受了帮他贴胶布的同学的善意，同时还展示了自己的幽默和大方。

【案例】

有一次上数学课，老师讲到关键处，学生正学得投入，忽然窗外传来了鼓号声。学生循声望去，原来是学校的鼓号队、花束队为了完成宣传任务在临时彩排。学生不时望向窗外，一副心不在焉的样子。数学老师拍拍黑板，叫学生把注意力收回来。虽然学生表面上把眼睛转回了黑板，但是老师能看出来，学生的心没有回来。数学老师正要发脾气，忽然心生一计，笑呵呵地对学生说："我们学校的鼓号队很有气派，花束队绚丽无比。这样吧，转过头，我们一起欣赏三分钟，好好看一看。"听了老师的话，学生开始有点怀疑，确信后看了不到两分钟就全都坐好等着老师继续上课了。结果，虽然外面有伴奏，学生的注意力也没有受多少影响。

这则案例给我们的启示是：如果外部发生的意外影响了课堂，教师不妨欲擒故纵地先放一下，或者制造一个课堂内部的刺激，把学生的心拉回来。案例中的教师就采用了欲擒故纵的方法。孩子们的好奇心都很强，你若不让他看，他心里痒痒的，非偷看不可，不如大大方方让他看一会儿，他也就明白了还是教室里面的世界更精彩。更何况这里面还包含着尊重，学生当然会心甘情愿地回到课堂上来了。

（一）正确对待课堂意外

一般来说，课堂意外可分为几种不同情况，按其转化程度可以分为积极的、中性的和消极的三种。教师如果转化得当，可以将意外转化为积极的，反而促进课堂教学目的的实现。如果教师可以把意外控制住，不干扰课堂教学的进行，就是中性的。如果教师对意外控制不住，使其持续干扰课堂教学的进行，干扰他人学习，就是消极的。因此，能否正确对待课堂意外，关键在于教师的智慧转化。

（二）机智地转化为积极行为

教师不宜在课堂上停止教学，对学生们的表现加以指责，而可以转而采用发问、邻近控制、排除诱因、暗示制止等方法，使中性行为转变为积极行为。忌用讽刺、挖苦、威胁、隔离等惩罚手段。

（三）精心设计课堂教学，避免意外的消极影响

教师在进行课堂教学时，如果可以让学生"动起来"，提倡学生动脑、动口、动手，让课堂"活起来"，把传授知识的过程变为学习交流和自主探索的过程，就可以使课堂意外的问题减少。

（四）良好班风、学风的培养可以减少意外的消极影响

良好的班风可使意外情况下个别偏差行为向好的方面转化，使之遵守由集体促成的纪律；班风还对学生具有约束作用，一旦有人想破坏，会受到集体其他成员的谴责。培养良好的班风、学风，对消除课堂意外中的问题行为会产生积极作用。

三、对待学生在课堂上睡觉事件

学生在课堂上睡觉是一个值得班主任关注的问题。

【案例】

某老师在课堂上正讲得兴味盎然、神采飞扬时，发现后排一个平时极调皮的学生睡着了。为了不惊扰其他同学，老师立刻把目光移开，继续不动声色地讲课。老师一边讲一边走近他的身旁，在他的肩上轻轻拍了一下。他立刻从睡梦中惊醒，老师顺势把他的书翻过一页，指着自己讲的地方，让他跟上来。下课后，老师把这位同学叫出来询问情况。

学生低着头，等待着老师批评的降临。谁知老师说："××，上节课本来是你学习的大好时间，能学到很多知识。但因为我讲得不好，竟让你睡着了，老师很失败。"他惊奇地望着老师，显然觉得很意外，脸红了。

老师又接着说："是你提醒了我，上课要有所创新，要把课上成你们喜欢的，感兴趣的。老师一定会努力的！"这名同学抬起头，连忙打断老师的话："不，老师，不是您的错，是我错了，都怪我不好，请你原谅我。从今天开始，我一定努力学习。"

这则案例给我们的启示是：对待课堂上睡觉的学生，不要一味责怪，要冷静地从多方面入手分析原因。不要一看到学生在课堂上睡觉就怒火中烧，把学生叫起来大批特批，那样只会造成学生的抵抗情绪。学生在课堂上睡觉很可能是教师教学水平的原因，因为一个充满新意和激情的课堂是很难让人睡着的。

【案例】

一名高中生因上课老是睡觉而办休学，隔年复读依然"恶习不改"。这种状况引起了班主任的注意，他建议学生家长带去看医生，结果证实学生罹患猝睡症，经治疗后，症状已获改善。这种猝睡症常发于15岁至20岁的青少年之间，具有家族倾向，病因仍不明。研究发现，猝睡症患者脑部有一种化学物质会呈现低下情形，血液内的白细胞抗原也会呈现低下的状况，一般典型症状有白天嗜睡、猝倒、睡眠瘫痪（俗称鬼压床），睡前或醒前产生幻觉。班主任若发现学生有类似状况，应及时通知家长，协助就医，找出病因。

这则案例给我们的启示是：学生在课堂上睡觉未必是偷懒或对教师不敬，而有可能是身不由己的。班主任需要了解学生为什么会在课堂上睡觉，然后再判断是身体问题还是情绪问题，是动机问题还是纪律问题。

有一少部分学生上课睡觉是因为身体不适和生理的原因。如果平常表现很好、十分自觉的学生突然上课睡觉，最好把他们叫醒，问问他们的身体状况。如果感觉不舒服，送他们去看医生。如果程度较轻，建议他们喝杯水，然后送他去休息室洗洗脸，帮他克服疲劳。还有一些学生有身体问题，比如过敏症、糖尿病或者低血糖症，以及正在接受药物治疗所产生的副作用。教师要对他们表示关怀和理解，允许他们在一定范围内享受"特殊待遇"。

（一）思考课堂上学生会睡觉的自身原因

班主任可以与学生沟通一下学生上课睡觉的原因，是否是没有兴趣？能否学会慢慢培养，或主动找老师咨询？如果学生与老师有抵触情绪，能否学会忍耐，或者直接找老师开诚布公地谈一谈呢？

（二）了解学生会在课堂上睡觉的原因

如果学生总是在课堂上睡觉，班主任不要总是归因于学生的懒惰，而要细心地找出原因。也许的确是因为生理上的因素，那样的话班主任有责任及时提醒学生的监护人，使学生得到适宜的救治。

（三）采用缓和的方法让学生减少课堂睡觉的时间

如果学生是因为无聊或注意力不能集中而想睡觉，应给他一定的压力让他认真听课。可以让学生坐在教室的前排或者靠近讲台。当坐得靠近教师的时候，他就不会打瞌睡了，而且如果他还打瞌睡，教师一定会注意到的。如果学生坐在班上的其他位置，教师看到他在打瞌睡，就走向他。教师的出现可能会像闹钟一样使他清醒。也可以考虑让他坐在靠窗的位置，光线和新鲜的空气可能会令他更加清醒。

有些学生是因为情绪懈怠，喜欢趴在桌子上，但不久就会睡着。这时，教师需要用特殊方法帮助他们克服懈怠的习性。可以考虑下次他再想睡觉的时候移走他的课桌，这样他就没有地方可休息了，然后给他一个有纸夹的笔记板，或者一个硬板来写字，当他确信自己不会再睡觉了，再让他领回课桌。

（四）采用活动法提高学生兴奋性

在一天的某个时段，可能是较多的同学都想睡觉的时候。为了保持学生的活跃，可以让他们做一些活动。事实上，加入体育活动，对于吸引学生的注意力是一种好的办法。另外，教师可以让学生做做伸展运动，做一些课堂上的小游戏，去一下洗手间，或者给他们分配一些课堂任务，比如带消息到办公室，或者突然叫学生回答问题。如果他认为教师可能会随时叫他回答问题，就会保持清醒，更加努力学习。如果教师注意到他正在打盹，可以问他一个问题或者给他一个任务去做。当然，教师的目的是使他更加清醒，而不是羞辱他，所以要问那些确信他能答得上来的问题。

第二节　班主任与人际关系管理

一、处理学生的告状

【案例】

在课堂或课间，初一班主任马老师常会接到学生的"诉状"：

"黎平昨天没有值日就逃跑了。"

"刘仁坤上数学课看课外书，可数学老师没发现。"

"黄珲天天回家就看电视，不完成作业。"

"刘军前天偷东西，说他，还不承认。"

"××……"

一开始，马老师还认真听取学生私下的告状，仔细调查。可是后来，班上学生告状的越来越频繁，弄得她烦恼不堪。马老师心里想："这群孩子真是的，有什么事情就找老师。打小报告又不是什么光荣的事。"于是，马老师渐渐对同学们的告状敷衍了事，或不理不睬。有一次，她还对一个同学大声怒斥。这样，打小报告的很快就少了，马老师的耳根也清静了很多。然而，有一次，班里发生了一件大事，闹得沸沸扬扬，马老师却一无所知，甚至连班干部都没有向她透露过。马老师很生气，责问学生，学生却理直气壮地说："我们不喜欢打小报告。"一句话，让马老师哑口无言。

这则案例给我们的启示是：班主任应慎重对待学生的"小报告"，既不能过分纠缠，也不能坐视不管。

很多班主任反映，"小报告"的问题处理起来十分棘手。面对学生的"小报告"，他们也不知该不该信。不信，则可能会丧失一些有价值的信息，使一些问题得不到及时解决；信，则难免会使"报告者"产生依赖心理，缺乏独立自主的能力。另一方面，打"小报告"又会使"被告密者"产生逆反心理，学生之间产生隔阂，班集体也就谈不上团结了。

其实，班主任在处理这类问题时应格外谨慎，除了及时调查事情的真相并妥善处理外，还要重点对那些"报告者"进行引导。比如：同学之间的关系尽量自己去协调，只有在他们不能协调时，才由老师处理。目的是要学生们形成健康的心理，培养一定的自主能力，通过引导和矫正，逐步减少和限制这种现象的发生。

【案例】

刘老师是一位经验丰富的班主任。在日常工作中，她经常会碰到打小报告的问题。

有一次，她从别的班主任手中接了一个初三班级。开学不久，她就发现，这个班的学生非常喜欢打小报告。有的学生，只要一遇到问题，无论严重与否，都要向老师打小报告。有个女生李欢，几乎每天都有"新发现"：甲骂了她，乙在背后说她的坏话……这些事，她会一件不漏地告诉刘老师。

据了解，这种现象在这个班级一直存在，因为以前的班主任鼓励同学打小报告，还对这种行为进行表扬，甚至有意识地培养一批专门给自己提供秘密情报的学生，组成一个"报告团"，以达到对学生实行"遥控"管理的目的。刘老师想，这种行为对学生的成长一定会产生不利影响，应该想办法尽快消除这种不正常的现象。

刘老师想：同学们向老师反映情况，是必要的，也有利于班级管理，但是告状这种方式不可取，能不能找到一种更好的解决方法呢？终于，刘老师想出了一个替代的办法，就是在班里设立意见箱，每周打开两次，公开同学们的意见。所有的学生都可以公开地参加班集体的讨论，为班集体建设出谋划策。从那以后，献计献策的"智囊人物"多了，喜欢打小报告的学生少了。从班集体的发展目标到管理方法，从学习到生活，从宏观到具体，大家提出了许多有参考价值的信息。根据大家的提议，班上确立了奋斗目标——争文明班级，并且制订了比较系统可行的管理方法。同学们在学习上信心十足，生活上互帮互助，集体观念增强了，整个班集体既团结又活跃。

这则案例给我们的启示是：班主任可以给"小报告"提供一个正规渠道，使学生的私下意见变为对班级管理的建议。

上面案例中，班主任用意见箱取代"报告团"，优越性是明显的。首先，有利于所有的学生都加入到班级的管理中来，保证了班级建设主体的广泛性。在形式上，也由秘密活动变为公开进行，而且，内容也不只限于反映问题了，这些都有利于班主任收集各方面的有用信息。其次，有利于学生情绪的表达。意见箱可以把他们自己心里的想法说出来，从而保持良好的心境，促进心理健康发展。再次，有利于调动学生的积极性和主动性。因为他们都成了班集体的主人，班集体的发展有了真正的动力。最后，有助于形成良好的班风班貌与和谐的同学关系，为大家的学习和生活创造了良好的环境。

班主任面对"小报告"要从以下几个方面进行处理。

（一）敏锐观察，分析学生的动机，提取报告中的关键信息

学生打小报告的动机很多，主要有以下几种。

1. 嫉妒他人

一些学生，看到别人成绩比自己好，或者是其他方面比自己强，就会心怀怨恨，到班主任面前去揭别人的短，说别人的坏话。

2. 报复他人

有的学生与别人有矛盾，对别人产生不满时，就会把情况告诉班主任，让班主任去惩罚他们。

3. 获得心理满足

有些时候，学生向班主任提供秘密，会获得表扬和信任，进而使他们产生心理上的满足感。

4. 维护班级的秩序

有的学生打小报告是出于对班级的关心，希望改善不良现象。

在学生向班主任告状时，班主任应用目光、表情、身姿等非语言行为表达对报告人的关切，不管他动机是什么，应该让他把话说完。班主任应积极地倾听，切忌边倾听边评判。通过倾听，敏锐地分析问题的症结所在。然后再根据不同情况，采取不同对策。

（二）调查分析后再给学生意见或得出结论

班主任在处理问题时要让学生说清楚事情的来龙去脉，这时候的班主任是学生的知音，要能和学生产生共鸣；再共同用探究的态度来查明事情的真相，分析事情的对错，然后帮助学生有条理地去分析整件事情，与学生共同讨论这件事的处理方法。班主任要在教育他们宽以待人的基础上，指导他们与同学和睦相处。让学生带着班主任指导性的意见去处理或者独立地去处理，尽量

给学生自由发挥的空间。

（三）处理"小报告"时，应注意因人而异

学生的"小报告"或直接或间接地暴露学生身上的优点和缺点。班主任在处理时，应注意发扬学生的长处而补救他们的短处，化消极因素为积极因素。对性格外向者，应一针见血，让他清楚地认识到自己的错误；对性格内向者，应以循循善诱的说理为主，否则说话太尖刻，容易伤害他们的自尊心。只有针对学生自身的特点，因势利导，才能使学生不断向好的方向发展。

（四）培养学生宽容的品质和解决问题的能力

"小报告"虽然是反映信息的一种方式，但是如果"小报告"太多则意味着学生心理上存在一些问题。班主任在对待他们时应宽容，要使学生明白：用向班主任打报告的方式是解决不了问题的，反而会失去同学的尊重和信任。对于别人的批评和意见要能正确对待，虚心接受，能全面审视自己，既看到自己的长处，又认识自身的不足。班主任要教育他们宽以待人，同时指导他们进行和谐的人际交往。

如果学生真的是因为受到了伤害想通过告状来解决，班主任要开导他，让他明白用告状来解决问题，并不是最好的方法。班主任的精力和时间是有限的，不可能大大小小的报告都经教师一手处理。班主任必须大胆放手，让学生学着自己去解决一些问题。要发挥学生的主体作用，培养学生解决问题的能力。也只有充分发挥学生的主动性、积极性，引导学生逐步提高、调节、完善自我，才能使教育成效更显著。只有在平时逐步教给学生一些正确可行的方法，才能真正发挥学生的作用，如评说班中事务；制订详细的班规，让学生有章可循；定时组织表扬、批评与自我批评班会等形式，逐步培养学生初步辨别是非的能力，并将之运用于实际以处理一些纠纷或事务。

二、与溺爱孩子的家长相处

（一）用正确的方法与家长沟通

班主任要及时和家长沟通，让他们了解自己的苦心和爱心，避免在家长心里造成"老师偏心""给学生苦头吃""故意找孩子麻烦"等误解。

【案例】

李老师在小学从教 20 年，现在担任某班班主任。她上课较为严肃，工作认真负责。张某是李老师班上的一名男生，聪明好动。有一天，因张某上学迟到，李老师狠狠地批评了他，谁知张某拿起书包就回家了。第二天，张某的父母来到学校，与李老师发生了争执，还惊动了学校领导。下面是校长与各方的对话：

1. 校长和李老师

校长："李老师，怎么会闹出这种事？"

李老师（委屈地）："张某有迟到的毛病，还常常花钱请高年级的学生代他做家庭作业。我与他的家长沟通多次也没有多大的改观。我想彻底改变他的那些坏毛病，就与他的家长认真地谈了话。家长当面答应得很好，并说：'孩子如果再迟到，再不做家庭作业，您就狠狠批评他。'可是，昨天当我真正批评张某后，那孩子居然提起书包甩门走了。这样的学生眼里哪里还有师长？我还没打电话叫他家长来，今天他的父母倒好，来到学校，把我堵在教室门口，还不分青红皂白地质问我，引得学生都来围观。面对这样是非不分的家长，我真不知怎么办。"

校长："你后来和家长谈过当时的情况吗？"

李老师："他们根本不讲理，也没什么好谈的。现在的家长大都溺爱孩子，无视孩子的缺点，听不得老师对孩子的批评，不愿意配合老师对孩子进行教育。"

2．校长和张母、张父

校长："不着急，有什么情况慢慢说。"

张母："我的孩子长这么大，我们从来舍不得打骂他。她（指李老师）倒好，当着全班学生的面骂我孩子。"

校长："您知道当时发生了什么事吗？"

张父："孩子回来就哭，说再也不上学了，说老师骂他，说老师偏心，不喜欢他。"

张母："做老师的怎么能偏心？这么多年，我们总觉得挺对不起孩子的，再也不能让他受委屈。"

校长："张×，老师是怎么批评你的？"

张某："李老师总不表扬我，我有好几天没有迟到，她都没有表扬我，说我是迟到专业户。××那次迟到了，李老师就没批评她。"

上面案例中李老师遇到了溺爱孩子的家长，又没有处理好，以致发生了冲突。如果李老师在学生回家后就意识到问题的严重，及时给张某的家长打电话，平心静气地说明情况，张某回家后即使到父母面前说什么，家长应该也能较为客观对待，不会听取片面之言，甚至第二天跑到学校给李老师难堪了。

现实生活中，很多学生的家长因为工作忙或其他原因，对学生有愧疚心理和补偿心理，所以对孩子十分溺爱。有时孩子在学校出了状况，没有了解清楚，就到学校向教师兴师问罪，不能理解教师正常的教育行为。遇到这一类家长，班主任一旦没有掌握正确的处理技巧，往往会引起不必要的冲突，影响班主任自身的工作，也不利于学生的发展。

（二）把真情实意传达给家长

班主任应设身处地体谅家长，把握家长与教师目标的联系点，沟通联系，求得统一。

【案例】

为让学生得到锻炼，班级决定组织夏令营活动。一位家长找到班主任，说孩子身体不好，要请假。班主任知道家长的意思，忙说："身体不好就不勉强了，真是可惜，这么好的机会错过了。昨天我还专门找他谈过，问他：'你这么小，吃得消吗？'可他调皮地说：'我个子虽然小，保证吃得消。'他虽这么说，我还是不放心，招呼两个大个儿同学负责在路上帮助他。我还跟他说，在途中要一直跟在我后面呢。算了，不谈这些了，让他在家安心休息吧。"老师话音刚落，家长竟改口道："张老师，你想得真周到，孩子交给你我放心。其实他也没啥大病，就让他去吧。"

"可怜天下父母心。"有时，家长提一些要求，完全是出于对孩子的娇惯。对此，班主任要予以理解，并借助语言表述自己对学生真诚的爱，让家长打消顾虑。这样，他们就再不会"固执己见"了。上面案例中，家长听了班主任一席话后为什么会改口呢？主要原因在于班主任通过对夏令营准备工作的介绍，把自己对这个特殊孩子特殊照顾的事儿全部告诉了家长，让家长知道了老师的真情实意。有这样的班主任，家长即使疼爱孩子，还有什么不放心的呢？

（三）用适当方式向家长指出溺爱孩子的弊端

班主任应以适当的方式向家长指出溺爱孩子的弊端，鼓励家长让孩子学会独立。

【案例】

某男生就读高中寄宿制学校，但是家长唯恐他受苦，于是三两天探望一次，几乎每天都给班主任打电话询问情况，经常到学校给孩子送饭，还给他洗衣服或者让孩子把脏衣服打包带回家。家长变成了全职保姆。在家长的溺爱下，该男生久久不能自立，而且还养成了一个坏习惯：遇到一点事就哭鼻子。

针对这种情况，有一次，班主任故意告诉他妈妈，该男生因喜欢哭鼻子，常常受到班上同学的嘲笑。他妈妈很着急，连忙问怎么办。班主任慢慢引到家长对孩子的溺爱上来，真诚而委婉地指出，这是因为家长对孩子的溺爱在无形中剥夺了孩子的锻炼机会。孩子已到了该生活自理的年龄了，他将来总要远离家长外出上学、工作，如果连洗衣服之类的生活小事都做不了，将来又将如何承担社会重任。

班主任还给他妈妈提出了两点具体建议：一是家长逐步减少到学校看望他的次数。从开始的一周一次到后来两周、三周一次，逐渐到不再来了，以便使孩子有一个适应过程。如果孩子问起，就说妈妈工作忙不过来，非常劳累。如果孩子表现出能够理解家长，并说一些关心、问候的话，说明孩子已经知道关爱他人了，这就是一个进步和变化。二是家长帮助孩子学会洗衣服。通过家长示范和让孩子看看其他同学是不是把衣服带回家洗，如何洗，使其认识到学会自理是应该的，并且体验到能够自理是快乐的，自己并不比其他同学差，以帮助他树立自信，让孩子得到一次锻炼的机会，让他学会生活自理，学会克服困难，增强他的耐挫力。

通过各方面的努力，该学生果然逐渐发生了变化，以至于回家能够帮妈妈做家务了。家长惊喜地把这些情况——反馈给班主任，班主任也很欣慰。

班主任遇到溺爱孩子的家长，虽然有时可以理解和宽容。但是作为教育者，还是应该意识到学生的不足，并以适当的方式指出溺爱孩子的弊端，鼓励家长让孩子学会独立。上面案例中，班主任以委婉的方式，向家长指出了他们的问题，并协助家长制订措施，使本来不能自理的孩子一步步地成熟了。

三、正确对待"为子争利"的家长

（一）班主任最好采取主动而委婉的暗示与拒绝

【案例】

临近期末，有位家长来到学校。看样子，他很不高兴，一看到班主任，劈头就问："刘老师，我家小林这次为什么没有被评为先进？她虽然成绩不是特别优秀，但也还不错；虽然不是班干部，但很关心班级；虽然有时候有些淘气，但大部分时候还是很听话的。你说是不是啊？"班主任只好说："先进是我们学生自己选出来的，不是老师内定的。"没想到那位家长马上就反驳道："可是，我们家小林跟××各方面差不多啊。为什么××就能选上？我女儿昨晚一直哭，连饭都不肯吃，今天还不想来学校。你说怎么办呢？""大家都推举××为特长生，是因为他的美术特别好。"家长的脸色还是不好，说："小林也有音乐特长，同学们评得会不会有点不公平啊？"班主任继续解释："同学们不会不公平。小林确实聪明，但由于各方面条件比较优越，在家里你们又特别喜欢她，所以她在学校里不喜欢听批评的话，经不住挫折的打击，心态还有些不成熟，所以没有被选上是正常的。"家长软话硬话不停地说，刘老师有些不耐烦了，干脆一针见血指出了问题。听了这话，家长心有不甘地走了。

个别家长常会向班主任提出给自己孩子特别关照的要求，一旦让他们提出要求，班主任则会处于被动状态。上面案例中，家长向班主任直接抛出了一个难题，班主任在措手不及的情况下，不仅直接拒绝，而且态度不耐烦，不是解决问题的最好方式。

由于我们的社会始终对校园里的学生予以关注，所以各级各类学校每年都要评选出若干"优秀""先进""三好"等，予以表彰奖励；一些地区对获得省、市级优秀的学生还给予高考加分等各种各样的优惠。这些称号逐渐与孩子的前途挂上了钩，有些家长对这些名誉非常在乎。所以班上一旦出现评优情况，家长们就会格外关注。上面案例中，家长就是认为班上评优不公平而找班主任理论。对于家长的这些心态，班主任如果处理不好，表现出不理解或不耐烦的情绪，会伤害家长的感情，也会打击学生的积极性。

【案例】

快期末了，家长到学校打听孩子的情况。

家长："李老师，学期快结束了，我来看看孩子的学习情况，她各方面还不错吧？"

李老师："哦，是××家长啊！您好您好！××本学期各方面都表现挺好的。"

家长："距'三好生'可能还有差距吧？"

李老师："我看啊，如果学习上再加把劲，对班级的事再多关心一些，下学期同学们一定都会投她的票，她也一定会给你带回'三好生'的奖状。这不，这学期就差这么几票，我真为她可惜。别急，下学期再来。"

家长（虽有些失望但仍不失希望地）："是这样啊，谁叫孩子还差一点点呢。好，谢谢老师啦。以后请您多关照啊。"

李老师："××是个不错的孩子，我会继续关心她的。"

原来，班主任从家长的谈吐中知道，该家长来是为让孩子当上"三好生"，便来了个主动进攻，拦住话题，既婉言拒绝了家长未提出的要求，又给了家长能实现目标的希望，是处理得较好的案例。我们知道，由于所提要求的不合理性，一般家长难以直接表露。班主任如果可以拦住话题，防患未然，就可以争取主动。如果没有敏锐地意识到家长的动机，一旦等家长提出了要求，班主任再直言表明拒绝的态度，就算不会直接损害家长与教师的关系，家长总会在心理上有一些不舒服。

（二）班主任要设身处地，给家长台阶，不要在言语上起冲突

【案例】

学期结束时某学校评"市级三好学生"，有个平时表现较好的学生没有被评上。家长生气地找到班主任，说学校偏心，不服结果。班主任没有针锋相对，她先把学校给班级评"市级三好学生"的要求一一讲给家长听，并对照该学生的条件一一给家长解释。渐渐地，该家长语音变低了。班主任见他态度缓和了，好像有悔意，便接着说："其实，也不能怪您生气，毕竟评优对孩子的前途挺重要的。您不了解情况，再加上社会乱评的现象不时出现，谁不

疑心呢？不过，我们学校评优都是公平合理的。我知道，××平时在学校表现非常优秀，如果下次有机会，××肯定还有希望的！"此刻，家长已经变生气为感动了，忙说："原来是这样，那我叫我们孩子再努努力吧！打扰您了。"说完，家长不好意思地走了。

有时，家长提出不合理的要求往往是一时冲动，要他们马上收回意见，则难以做到。此时，班主任可设身处地，给家长台阶，为他们解脱。上面案例中，为什么家长满脸怒气而来，满面笑容而去呢？其重要原因就在于班主任在讲明情况后及时给家长找台阶：一是学校评优条件复杂，家长不了解情况，不放心是可以理解的；二是社会上评优不公平的现象不时出现，家长难免疑心；三是对孩子寄予了希望。这三个台阶使家长缓步而下，事情结局很是圆满。

四、班主任赢得同事的欢迎的方法

（一）端正和其他老师交往与共事的心态

【案例】

李老师毕业于某著名师范大学、能力出众。他刚到单位工作时，为了突显自己的能力，不仅做好自己的工作，还处处帮助同事。刚开始，其他老师很喜欢他，感谢他。可后来，他发现同事们个个都和他保持距离，教研组组长对他也不热情，这让他跟到十分困惑。

后来，李老师听到老师们在背后的"议论"才知道，自己在他们心里的形象是"锋芒毕露，争强好胜，看似帮助同事，实则在为自己的功劳簿上添功"。同事陈老师说："他这个人虽然没有害人之心，但太过于表现自己，总把别人看成自己的竞争对手，而想方设法压倒别人。领导在场的时候，他这种现象特别明显。那次，我上公开课，放幻灯片时电脑遇到了一个小问题。我叫钱老师帮忙，当钱老师正在帮我做事的时候，李老师却跑过来抢了钱老师手里的工具拨弄起电脑来，还当着那么多老师的面说'这么简单的事都不会做，你真笨'。虽然电脑修好了，但我心里不舒服，我又没叫他来帮忙。"

李老师听了此话，心里一凉：我在他们眼里怎么就成了这种人呢？

很多教师认为，刚工作时一定要突出自己的能力，只有这样才能坐稳自己的位置；因此，工作就得处处争强好胜，把自己的能耐表现出来。但他们没有想到"欲速则不达"，处处锋芒毕露只会引起同事的反感。而正确的做法是，帮助同事要有诚心，表现能力要不温不火。

要想在工作中面面俱到，谁也不得罪，谁都说好，恐怕是不可能的。因此，在工作中与其他同事产生种种冲突是很常见的，碰到一两个难以相处的同事也是正常的。但是，在现实生活中，很多心胸狭小的人总会以损伤他人的自尊来求得自己心理上的安慰和平衡，可结果往往是两败俱伤，双方不仅都不能赢得友谊，还会反目成仇。有的人并没有把重要的精力都用在工作上，而是用在了算计同事上。任何事都是一把双刃剑，你这样做的次数越多，所受到的伤害就越大，结果使得你与同事的关系越来越复杂，你的工作效率怎么能不降低呢？因此，坚持多干事，少嫉妒和算计别人，是处理同事关系的重要原则。

（二）减少对人际关系的过分敏感

【案例】

一位年轻的小学教师一直为办公室人际关系的冷漠而烦恼。同事们经常在办公室做事，却很少有人说话，也没有笑声。每当她从教室回到办公室，本想放松一下，可是遇到这种所有人都沉默的情形，她就感到特别难受和压抑。她常常忍不住猜测其他人不说话的原因，想来想去总是唯恐自己做错了什么，从而惹得她们对自己不满，因而个个都显出不高兴的样子。偶尔，办公室里的气氛也会轻松一会儿，四五个人在一起聊天，说说笑笑。但是她总觉得自己一加入，气氛立刻又冷了。这令她特别紧张，生怕做错了什么，每天小心翼翼，别人不讲话，她也就闷不作声。

后来她实在忍受不了了，求助于心理医生。经过情绪调解法，她放松了心态。再回到办公室，才发现原来情形远没有她原来苦恼的那样可怕。

上面案例中老师的苦恼来自对人际关系的过分敏感，不合理地认为人际关系或气氛的一切异常都是因为自己。其实，办公室的气氛或人际关系的状况取决于很多因素。他们不说话，可能是因为工作太紧张，要思考自己的问题，要备课改作业，也可能是因为他们累了需要喘口气，并不一定是在生气。有的人天性喜欢安静，不爱大声说笑，总是少言寡语，并不一定在生气。大部分人都喜欢开朗的人，而不欢迎敏感多疑的同事。因此，减少对人际关系的过分敏感，放开心怀，这样才能赢得同事的喜欢。

（三）一定要克制妒忌，将之转化为自己进步的动力

【案例】

罗老师新到学校工作时，原以为自己学历最高，能力最好，在工作中时常表现出自满的情绪。有一天，校长给他分配了一个很简单的论文写作任务，可罗老师偏偏没能按时完成，后来求助于同事陈老师才顺利交差。为此，校长表扬陈老师说："虽然陈老师学历不高，但自学能力强，工作努力，小伙子不错，大家可以向他学习。"就这么一句表扬，罗老师心里很不是滋味。在以后的工作中，他总想挑陈老师的刺，出他的丑。可陈老师总是很坦诚地向他学习，并不生气。结果，时间久了，罗老师给同事们留下了嫉妒心强的不好印象，也因此在后来升教研组组长时，学历高的罗老师没有入选，而学历相对低的陈老师则入选了。罗老师叹气道："嫉妒让我吃了不小的亏。"

心胸狭窄和妒忌心是一对"孪生子"，都是不良的心理品质。其产生的原因，与主体的自我认识和社会认识失调有关。他们既缺乏自知之明，又容不得他人。因为心理总得不到平衡，所以势必在语言行为中表现出来。人缘不好者往往一方面自以为是，瞧不起别人；另一方面，心胸狭窄，妒忌心重。能力比他强的，他不服气；受领导器重的，他看不顺眼。别人相互关系密切，他则悻悻然，甚至连谁讲了一句精妙的俏皮话，他也会若有所失。这就在他与别人之间构筑了一道厚厚的、无形的墙。

同事之间难免存在各种各样的利害关系，也极容易产生嫉妒心理。这是很正常的，但要妥善处理。当你看到同事的成就而心生嫉妒时，不妨多想想同事在取得成功过程中所付出的心血和艰

辛劳动,再把它和自己的努力比一比。这样一来你就会心平气和些,就能把消极的嫉妒转变为佩服了。

(四)让同事和任课教师充分体会到他们对你的重要性

【案例】

刘老师担任高一一个普通班的班主任。刚开始时他们班的任课教师配备得很强,可是刚上了一周多课,另外的两位老师都不再教了:其中英语老师因进修离职走了,另一位语文老师因工作量过重就将他们班的课取消了。这两位都是非常受学生欢迎的年轻老师,特别是语文老师,他采取的是开放式教学,课堂活跃,学生的学习积极性非常高。新换来的语文老师是个年纪稍大一点的高级教师,却是一个非常典型的传统老师。他不怎么喜欢太活跃的课堂,学生稍微活跃一点就被认为不遵守纪律,个别学生被抓罚站,还要被批评一顿。新换来的英语老师是才从区乡中学选调上来的,学生也不怎么喜欢。班里的学生一下子不适应,很多学生跑到刘老师那里来诉苦。

其实刘老师心里对于调换任课教师这件事也有点想法,不太高兴。但是他知道,应尽快让学生适应新的任课教师,否则对学生的成绩会有很大影响。因此,趁着一次班会时间,刘老师与学生专门讨论了这件事情。刘老师对学生说:"同学们,我们班换了两个老师,大家心里面总是有点情绪。其实,你们并不了解这两位老师。我们的语文老师是一个实力派,你们今后要面临的是高考,要高考就得有实力强的老师。语文老师的教学能力非常强,发表的中、长篇小说已经有很多篇了,在我们附近这几十个县都是很有名气的。你们的英语老师,是从各个区乡中学里面百里挑一选调上来的,他的水平并不比我们高级中学的老师差,你们应该知足了。"

后来，班主任又陆续做了同学的工作，而且在公开场合极力肯定新来的两位任课教师，和他们的关系很好。慢慢地，再也没有学生跑来说不喜欢某个老师了。两位任课教师也教得非常认真，期终考试出来，这个班的成绩很不错。

班主任不要有一手遮天的想法，认为只要自己能干，班就能带好了。班主任要在心里树立班上事情由大家齐抓共管的意识，要认识到任课教师的巨大作用，并且向他们表达你对他们的重视。在与任课教师相处的各种正式和非正式的场合，说话做事低调一些，甚至可以适当地表现自己在管理班级方面缺乏信心，从而激起课任老师的同情心，让他们产生帮助你管理的表现欲。你所做的一切要让任课教师觉得：他们在你的心目中有着重要的位置。

二战期间，美国一些士兵纪律散漫，不听指挥。于是，政府请心理学家设法管理他们。心理学家要求他们每人每月给家里的亲人写一封信。他们很高兴，但却不知道该如何写。这时心理学家就把预先写好的信请他们照抄一遍，信的内容是告诉亲人他们在前线如何勇敢，如何听指挥。半年之后，他们竟一个个地变了样，变得像信中描述的那样守纪律和勇敢了。这就是"贴标签效应"，这种暗示直接影响个体意识的自我认同，它具有角色行为导向作用。

在与同事和任课教师相处中，也可以利用这种效应。要在各种场合维护任课教师的形象，善于用放大镜去发现你的任课教师的闪光点，时常对学生宣传以树立任课教师在学生心目中的权威，这样既能提高学生学习知识的效率，又能提高任课教师在学生心中的地位，一举两得。其实"罗森塔尔效应"（教师对学生的殷切希望能戏剧性地取得预期效果的现象）放在教师身上也管用。要让同事和任课教师意识到自己的角色是重要的，有了这样的标签，他们就会按好的标准去要求自己，约束自己的行为，从而向好的方面发展。

（五）注意在与同事交往时的言行

导致同事关系不够融洽的原因，除了重大问题上的矛盾和直接的利害冲突外，平时不注意自己的言行细节也是一个原因。因此，要想避免破坏同事关系的言行，一般要注意避免以下几点。

1．有好事儿不通报

学校里发物品时，你先知道了，或者已经领了，却一声不响地坐在那里，像没事似的，从不向其他教师通报一下。有些东西可以代领的，也从不帮人领一下。这样几次下来，别人自然会有想法，觉得你太不合群，缺乏共同意识和协作精神。以后他们有事先知道的，或有东西先领了，也就有可能不告诉你。如此下去，彼此的关系就不会和谐了。

2．明知而推说不知

有的教师出差去了，或者临时出去一会儿，这时正好有学生或领导来找他，或者正好来电话找他，如果那个教师走时没告诉你，但你知道，你不妨告诉他们；如果你确实不知，那不妨问问别人，然后再告诉对方，以显示自己的热情。你明明知道，却直接说不知道，一旦被人知晓，那彼此的关系就势必会受到影响。别人找其他教师，不管情况怎样，你都要真诚和热情。这样，即使没有起到实际作用，他们也会觉得你们教师之间关系很好。

3．进出不互相告知

你有事要外出一会儿，或者请假不上班，虽然批准请假的是校领导，但你最好要同办公室里的同事说一声。即使你临时出去半个小时，也要与同事打个招呼。这样，倘若领导或学生来找，也可以让同事有个交代。如果你什么也不愿说，进进出出神秘兮兮的，有时正好有要紧的事，人家就没法说了，有时也会懒得说，受影响的恐怕还是自己。互相告知，既是共同工作的需要，也是联络感情的需要，它表明双方互有的尊重与信任。

4．常和某位同事"咬耳朵"

同一办公室有好几个教师，你对每一个人要尽量保持平衡，始终处于不即不离的状态。也就是说，不要对其中某一个特别亲近或特别疏远。在平时，不要老是和同一个教师说悄悄话，进进出出也不要总是和一个教师一起。否则，你们两个也许亲近了，但可能更多地疏远了其他人。有些人还以为你们在搞小团体。如果你经常和同一个教师"咬耳朵"，别人进来又不说了，那么别人不免会产生你们在说人家坏话的想法。

5．热衷于探听家事

能说的话，人家自己会说出来；不能说的话，你就别去深挖。每个人都有自己的隐私。有时，人家不留神说漏了嘴，对此，你不要去探听，不要想问个究竟。有些人热衷于探听，事事都想了解得明明白白，根根梢梢都想弄清楚，这种人是要被别的教师看轻的。你喜欢探听，即使什么目的也没有，人家也会忌你三分。从某种意义上说，爱探听人家私事，是一种不道德的行为。

6．喜欢嘴巴上占便宜

在与同事相处中，有些教师总想在嘴巴上占便宜。有些人喜欢说别人的笑话，讨人家的便宜，虽是玩笑，也绝不肯以自己吃亏而告终；有些人喜欢争辩，有理要争理，没理也要争三分；有些人不论国家大事，还是日常生活小事，一见对方有破绽，就死死抓住不放，非要让对方败下阵来不可；有些人对本来就争不清的问题，也想要争个水落石出；有些人常常主动出击，人家不说他，他也总是先说人家。这些都是道德败坏的行为。

五、与上级保持良好关系

【案例】

某应届毕业生到一个省级重点中学当语文老师。名牌师范院校毕业的她，在学校成绩拔尖，实习表现优秀，学校校长和业务领导对她很是器重。

该老师的爸爸是一家企业的领导，妈妈是机关干部，她是在比较优越的环境下长大的，身边的人对她都是客客气气的。从小学到大学，她成长在别人的赞扬声中，向来是别人逗她说话，她自己却不知道如何在交谈中寻找话题，也不太懂沟通的技巧。所以，进入学校一个月后，她感觉与领导相处困难。每当学校询问关心她的业务问题时，她都不知如何应答。在她看来，多和领导说话是讨好领导的表现。因此，她总是支支吾吾说不出口，甚至一些很正常的话她都难以开口。一开始，校领导还关心她的工作和生活，而她除了有问必答外，没有其他的话了。渐渐地，她发现校领导不太和她说话了，即使说话，也局限在工作范围内。她觉得自己和校领导的关系陷入了僵局，十分苦闷。

这则案例给我们的启示是：与领导相处时要端正态度，不要认为和上级多说话，态度热情一些就是讨好和奉承。要加强与领导之间的沟通与理解。

在学校，班主任首先是教师，作为教师，与上级的关系会更为紧密。因为除了行政上的层级关系之外，与组长、主任甚至校长之间，还有一层专业关系。所以上级对教师的关怀和指导是正常的。不管上级性格如何，作为下属，首先要端正好工作态度，将敬业、认真放在第一位，在此基础上还应保持相对的热情。如果把工作做好了，就能获得上级的承认。有些上级较严厉，有些上级较亲和，但他们都是为了把工作做到最好，从其内心而言，他们一般不希望教师害怕或排斥他们，因为这样肯定无法做好专业工作。

因此，与上级交往时，要保持一颗平常心。同时，凡事多沟通是与领导保持良好关系的一个重要原则。加强与上级之间的互相理解，就能减少可能的误解。在工作中要善于把自己的强项表现出来，让上级知道你有这个能力去很好地完成任务，让自己的能力得到肯定。其实领导不是高不可攀的，有事情多和领导谈谈，他们会理解你的。

【案例】

某教师刚参加工作不久就感觉很不习惯，尤其是当着主任或校长的面，她更是觉得别扭。如果校领导不在，她通常能很好地把手头工作做完。可只要他们一来办公室，她老担心把工作做得好，会有拍领导马屁的嫌疑，会脱离同事，引起同事的不满。所以当着校领导的面，她总是有些别扭，不能发挥出自己的水平。另外，和上级在一起时，她总不敢正视他们，感觉好像自己低人一级。这种矛盾的心情让她常常不能正常工作。

这则案例给我们的启示是：不要太敏感，不要患得患失，要把注意力放在工作上。

刚参加工作的人总希望自己有好的表现，但是另一方面又经常会过度担心自己的表现。新教师的主要任务是认真工作，虚心向大家学习各方面的知识和技能，学习如何与自己的领导和同事相处，如何尽快提高自己的业务能力等。新教师应该尽量把注意力转到这些方面，而不是在意大家如何看待、评价自己。况且，工作中积极主动，是一种必需的态度，让上级看到自己的上进，是应该的。因此，如果能在完成工作任务的前提下，最好向上级再要求主动承担一些工作，这不仅能让上级看到你的努力上进，更为重要的是，它锻炼了自己的能力，这是一生都受益无穷的。

【案例】

　　某老师为人热心，热衷于与同事打成一片。不仅如此，他还希望与校领导和上级也打成一片，为此花了很多时间和精力。他还经常打听校长家的私事。有一次，他无意中得知校长的儿子打架被处分了，就自告奋勇地跑到校长办公室，为校长出谋划策。每逢上级的生日或其亲人的生日等，他都会送上厚礼。他也经常把自己家中的事向校领导倾诉，还有意无意地透露其他同事的秘密。总之，他的这一切做法都是希望与校领导建立亲密的关系。但是他发现后来校领导对他越来越冷淡，好像是刻意与他保持距离。一段时间以后，他愤愤地想：这些校领导们，真是脱离群众，令人捉摸不透。

　　这则案例给我们的启示是：正确对待领导，换位思考，减少牢骚。

　　上级和下属保持适度的距离，是管理和领导所必需的。下属要正确看待这一点，不要僭越正常的层级关系。有时，校领导做出的决策和基于的立场与教师的想法是有出入的。许多教师有自己独立的感受和需要，常常认为学校的决策"应该"为自己服务，而容易忽略学校的决策是基于整体立场的。因此，教师们应该学会换位思考，理解领导的苦衷，不要遇到什么事都去抱怨领导。

怎样与领导相处？班主任应注意以下几点。

（一）加强与领导的沟通和理解

教师都渴望与领导建立良好的关系，而下级与领导之间最常见的障碍就是缺少沟通。人们不好意思沟通，不敢沟通，不知道如何沟通等时有发生。其实，凡事多沟通是教师与领导保持良好关系的一个重要原则。

（二）对工作的注意力放在第一位

不管领导性格如何，他对下属的态度基本上还是取决于其工作的业绩。作为下属，首先要端正好工作态度，将敬业、认真放在第一位，在此基础上还应保持对工作的热情。

（三）正确对待领导的决策，换位思考，减少牢骚

应该学会换位思考，理解领导的苦衷，不要遇到什么事首先去抱怨领导的不对，在领导理亏时给他留台阶，避免当众纠正领导的错误。把更多的精力投入自己能做好的事情上，高质量履行自己的职责。完成工作任务是与上司建立良好关系的前提，千万不要忽略了这一点。有的人通过消极怠工的方式来反抗领导，并不是明智的做法，反而容易使自己和领导的关系进一步恶化。

第三节 班主任要帮助学生提高道德意识

一、恰当运用惩罚法

惩罚是对受教育者的不良思想言行予以否定性评价的方式。这是一种负"强化"，能使受惩罚的对象产生内疚、羞愧和自责

的情绪，从而引导其从中吸取教训。惩罚在完整的教育中是必需的。

【案例】

某校的卫生意识很差，"随手丢"的现象随处可见，"吃完零食丢包装纸，考试丢草稿纸，吃饭丢餐巾纸"。校园的卫生状况每况愈下，环境急剧恶化。虽然大会小会不断，批评教育不停，但"涛声"依旧，效果不佳。

要在较大范围内矫正不良风气，使用哪种德育方法效果会好一些呢？感化？说教？还是……

新校长上任了。为严明纪律，整治校风，还学校一个整洁美丽的环境，他雷厉风行地出台了一个比较严厉的"惩治措施"：凡是有"随手丢"的行为，一旦发现，不仅要受通报批评，还要罚扫校园校道一天，包括早上、中午、放学后各扫一次；第二次再违反，罚扫两天，以此类推。任何学生或教师、领导都没有特殊待遇。

"禁令"刚出台时，仍有个别同学我行我素，将学校的纪律视为儿戏，把教师的话当作耳旁风，结果他们受到了纪律的惩罚。一时间，"随手丢"的行为如"过街老鼠，人人喊打"。一段时间以后，校园一下子旧貌换了新颜，变得干干净净了。一个"洁、净、美"的环境终于重返校园。

这则案例给我们的启示是：对于较大范围内的不良风气不能采取轻松、委婉的批评方法，更不能姑息迁就，应该采用惩罚法。

通过适当的、有原则的惩罚刺激，可以使学生内心深处或多或少受到震撼和触动，知道分寸，分清好坏，明白了哪些是应该做的，哪些是不应该做的，从而学会明辨是非，增强责任感。"吃一堑，长一智"。只要是有理有据的惩罚，一般可以使他们铭记在心，从而部分或全部地改正不良行为和习惯。同时，惩罚手段对其他同学也有威慑和警示作用，"有则改之，无则加勉"，让他们自觉与假、恶、丑告别，向真、善、美看齐。

除针对不良风气外，对于个别平时表现极差而又屡教不改、没有认识自身错误的学生，也要进行适当的惩罚以促其反省。惩罚的态度要愤慨有力，切忌含糊其辞、目标不明，也不宜威胁鄙夷、讽刺挖苦，更不能嬉皮笑脸、漫不经心。要让犯错误的学生及旁人都认识到错误的严重性和危害性，理解和体会教师的良苦用心。

【案例】

拉纳的儿子十分淘气。他用石头砸教授家窗户的玻璃，拉纳夫妇并没有因此来道歉，而是让小拉纳自己抱着一块玻璃，低着头来到教授家。爸爸妈妈说："自己干了坏事，自己去接受别人的训斥吧！"面对这个小学一年级孩子的可怜模样，教授摸摸他的头，真不忍心训斥他，结果还给他一些点心带回家去。事后，拉纳先生对教授非常不满，对拉纳先生说："您这样对待孩子，使我们很为难。本应受到训斥的孩子，却反而受到您的抚慰，希望您考虑一下这对孩子将来的影响。请您原谅，我想您看在朋友的情分上，给他以严厉的管教吧！按说，您应该为您的宽容道歉。"

这则案例给我们的启示是：合理的惩罚是形成健康人格的重要条件。惩罚不只是一种教育的方法，更是一种教育的理念。只强调"赏识"而不严格要求，会使学生迷失方向，产生骄傲情绪，同时也容易使学生放松对自己的严格要求。有些班主任年龄和学生相近，容易和学生打成一片，甚至与学生称兄道弟，从而放松了对学生的严格要求。但是惩罚能让学生在其亲身经历的教训中更加清楚地认识对与错，并通过适度的外在压力使学生的内在因素发生作用，自觉抑制自我行为过分膨胀，产生对错误行为的趋避意识，防止再犯同样的错误。班主任应明白，"没有惩戒的教育是不完整的教育"，惩戒教育制度是对学校教育管理体系的有机补充和完善。

【案例】

英国科学家 J.J.R. 麦克劳德上小学的时候曾偷偷杀死了校长家的狗。但他遇到了一位高明的校长，校长惩罚他画出两张解剖图——狗的血液循环图和骨骼结构图。正是这个包含理解、宽容和善待情怀的"惩罚"，使他爱上了生物学，并最终因发现胰岛素在治疗糖尿病中的作用而走上了诺贝尔奖的领奖台。

这则案例给我们的启示是：惩罚学生，是为了帮助他改正错误，帮助他找到正确的方向，而不是贬低他，损伤他的自尊心。惩罚有多种方式，高明的惩罚应该是能促进学生成长的。

（一）惩罚是教育的一种手段

把惩罚作为教育的一种手段，可以培养孩子的责任感、承受力，促进其健康成长。

"惩罚不是万能的"，但"没有惩罚的教育是不完整的教育，也是一种不负责任的教育"。在平时的教育管理中，班主任经常会发现，有的学生"刀枪不入"，屡教不改，不管教师怎样"动之以情，晓之以理，持之以恒"地说服教育，如何苦口婆心地谆谆教诲，他们还是"顽症难治，劣迹不改"。而一旦采用了适当的惩罚手段，他们往往立即收敛。

（二）使用适应的惩罚手段

实施惩罚不仅应该遵循所规定的具体要求、原则，注意科学的方法，而且应根据教育目的、教育对象的特点，讲究运用语言的艺术。最关键的是要促进孩子的反省，以情动人，注意场合，严肃诚恳，恰当准确，切忌讽刺挖苦，伤害学生的自尊心。

二、运用感化法

感化就是用真诚和爱心去打动学生，把对学生的尊重与严格要求结合起来。每名学生内心都有一种潜在的积极意识，只有当他的人格受到尊重与信任时，他的主动性和积极性才能充分发挥出来。尊重学生的人格首先是出于教师对学生的关心与热爱。班主任首先应该爱自己的学生。当他们违反纪律时，班主任必须指出，这也是爱的表现。

（一）适时反馈

当学生已经认识到自己的错误，已有悔意时，班主任要及时向他表示宽容和关爱，以此感化学生。

【案例】

一名初一的男生在逛某超市时把一块巧克力偷偷装进了自己的口袋，出门时超市的工作人员逮住了他，把他请到了保卫科。保卫科要求他拿出赃物并出示证件。在得知是学生后，保卫科告知他，必须通知他的班主任前来认领，才能对他放行。

班主任接到电话后，以平和的心态，诚恳地向工作人员道歉，办好必要的手续后，带学生回校。一路上，学生低着头，眼泪一直哗哗地往下掉。他悔恨不已，一副惊恐的模样。他等待着暴风骤雨的来临，想象着可能遭受的嘲讽和白眼。可是，班主任没有严厉教训他，而是心平气和地用诚恳、宽容的口吻对他说："老师知道你是一时糊涂。要好好吸取这次的教训。如果家庭经济有困难，老师帮你想办法。"班主任还表示，不会在班上公开，希望他以后改正。该男生哽咽着对班主任说："老师，对不起！我错了！我会一辈子记住这次教训。"在以后的三年学习中，他埋头踏踏实实地学习，从严要求自己，获得了很好的发展。

感化一般能使学生认识到自己品质上的错误，使学生在和风细雨中得到转化。感化是班主任对学生尊重和爱的具体表现形式，是建立师生感情的基础。在感化中，学生的情感得到了尊重。尤其是对已犯错误的学生，感化更是对他们的一种最大的激励，也给了他们一种向上的动力。班主任的尊重和爱护会使学生感到温暖。教育者应多给他们一份爱，每个人都来关心和爱护犯了错误的学生，用感化促使他们向积极方向转化。

上面案例中，学生在回来的路上已如惊弓之鸟，无奈等待暴风骤雨的来临。如果此时班主任再给他嘲讽和白眼，一定会给他已经惊颤的心再砸上一锤，不仅会伤害他的尊严，还会使他以后抬不起头来。当学生已经认识到自己犯错时，使用感化法，把教育同尊重学生的人格结合起来，也许是效果最好的一种德育方法。

（二）及时制止

当班主任发现学生即将犯错误时，要及时制止。如果学生及时改过，班主任可以给学生留下信任的空间，以此感化。

【案例】

有一次期中考试，班主任发现班长将一纸条卷进笔筒偷偷带进了考场，很是意外。班长为人诚实，学习勤奋，可是现在却作弊。这让一向信任他的班主任大为恼火。班主任正想对他狠狠训斥一通，可当他用严厉的目光看着班长时，他看到了班长红着的脸，还有向他投来的后悔和害怕的目光。

班主任想了想，如果当场抓住他，然后狠狠批评一顿，班长也许受不了这个打击，以后就毁了；况且从他的眼神来看，他知道这是不对的，有了悔意。班主任最后采取了沉默的方式。那场考试结束后，班长主动找到班主任，对其错误行为做了深刻检讨，并向班主任敞开心扉，道出其中缘由。原来，他暗里早和学习委员展开了激烈的竞争。同学们都说学习委员在考试时有作弊行为。他一着急，也想采用这种不正当手段，以期夺得高分。事后调查得知学习委员根本没那么做过。就此，班主任和他共同剖析，帮他端正态度。他也渐渐形成了正确的竞争观念，放平了心态。

当学生出现品质上的问题时，在允许的范围内，应尽可能使用"感化"这种最温和的德育方式。上面案例中，班主任的沉默不是熟视无睹，更不是对学生缺点的袒护。沉默实际上也是一种感化，是为学生创造自我认识、自我反思、自我行为调节、自我教育的空间，也容易形成一种和谐的师生关系。当然，这种感化方式以学生已对自己的错误行为有悔改意识为前提和基础。如果上面案例中学生没有后悔和自责的迹象，那么班主任应采用别的德育方法。

（三）用事实说话

当学生有错误想法时，班主任可以引导学生全面认识，用事实感化对方。

【案例】

小学五年级学生小梅的同桌买了一双很漂亮的鞋子。她也想要一双。中午放学回家，她找妈妈要钱买鞋子，妈妈不给；找爸爸要，爸爸也不给。小梅气得连饭都不吃就来到了学校。因为心里有气，她上课老是走神，作业也错了很多。

细心的班主任发现了小梅的异常，下课后班主任来到小梅身边，关心地问她是不是病了。小梅说没有，只是心里不痛快。班主任连忙问有什么事，小梅就把爸妈不给钱买鞋子的事告诉了老师。班主任听后，把学生要勤俭节约、孝顺父母的道理跟小梅耐心地说了。可是小梅嘴上答应着，脸上却挂着不乐意的表情，根本听不进去。班主任心里明白，就转变了口气说："不过说起来，你没有新鞋穿，是挺气人的。"小梅一听，连忙应和道："是啊！我爸妈都是干部，又刚刚领了工资，却不让我买鞋子。看同桌穿着新鞋，我的鞋却那么旧，搞得我在同学面前都抬不起头了。"

班主任沉思片刻，说道："我想给你出个主意，怎么样？""什么主意？"小梅好奇地问。"回家后仔细数一数你和你爸妈的鞋子。如果他们的比你的多，你不就有理由要求他们了吗？"小梅看着班主任，笑着点了点头。

第二天，班主任早早等在教室门口，见到小梅就问："昨晚数鞋子了没有？"小梅说："数了。"班主任连忙问结果怎么样，小梅低头不语。班主任追问："你爸爸有多少双鞋子？"小梅说："四双。"班主任又问："你妈妈有多少双鞋子？一定挺多吧。"小梅说："六双。"班主任停了停，笑着说："那你一定比他们少了。赶紧叫他们给你买吧！"然后又问了一句："你有多少双鞋子？"小梅脸上热辣辣的，好一会儿，才小声说："十二双。""那你还生气吗？"小梅的眼里已涌满了泪水，哽咽着说："老师，我错了。"班主任拍拍小梅的肩膀说："知道就好，以后要多体谅父母。"

感化有多种方式。只要体现了教师的严与爱并能深入学生内心的教育方式，都可以称为感化，并不是只有说理一种。学生的想法不正确是常有的事，面对他们的错误，班主任如果居高临下，将大道理全摆出来，其效果未必理想；而如果能设身处地，让学生自己去发现事实，将学生感化，往往可加强师生间心灵的沟通，使问题得到圆满的解决。总之，班主任一旦发现学生有错误的想法，头脑千万要冷静，要忍住心中之火，耐心细致地去做学生的工作，把期望、关心化为一缕春风，化作一丝丝细雨，融入学生的心田，使他们健康成长。

三、通过犯错的后果使学生提高认识

（一）设置情境

当学生出现错误的认识时，班主任可以巧妙地设置未来的情境，让学生提前想到这种错误认识的后果，以此纠正他们的错误。

【案例】

下课了，同学们纷纷涌出教室。这时，小宜的脚不小心被小贾踩了一下。小宜怒不可遏，一定要还一脚，于是两人争执起来。"我又不是故意的！我说了对不起了！""不是故意的就可以踩人吗？对不起有什么用？我说十遍对不起，你让我踩十下行吗？""你这不是故意找碴儿吗？"两人争得面红耳赤，到班主任办公室去评理。

听两位同学介绍情况后，班主任笑了笑，首先对小宜说："你是对的，为什么要让他占便宜？打要还手，骂要还口，打一还二，打他两下，还过来。"小宜扬起手理直气壮地打了小贾两下。小贾委屈极了，班主任又笑着对小贾说："不服气是吗？还回来！快打呀！"小贾也还了四下。班主任又一本正经地说："小宜，刚才小贾打了你四下。快，打他八下，还过来！"小贾和小宜两人都搞不明白了，望着班主任不动手。班主任慢条斯理地打抱不平："小宜应该打小贾八下，然后小贾再还十六下，小宜再打小贾三十二下，小贾还……"话还没说完，"扑哧"一声，两个小家伙都已经笑出声来，不好意思地说："老师，我们错了。"

缺乏宽容精神，为鸡毛蒜皮的小事争执，对学生一点好处都没有。这种品性会妨碍学生的成长。但是，在上面的案例中，学生们根本没有意识到这一点，而且好像还理直气壮，不愿相让。如果班主任直接说他们不对，说他们太小气，他们一定不高兴，也听不进去。这时应该放手让他们去尝试、去体会，而班主任和家长要做的则应该是提供机会，让他们体验。一旦他们发现自己争执的后果只是"冤冤相报何时了"，没有任何意义，他们自然会释然一笑，主动改正。

（二）制造后果

当学生存在不良品格或不合理情绪时，班主任可以制造一定后果，使学生为回避他们不希望的后果而改变自己的不良品格或不合理情绪。

【案例】

小力是小学五年级的学生，有懒惰的毛病。老师们多次找他谈话，还是没有效果。五年级下学期开学第三周后，小力学习的惰性又发作了，不想做任何作业，更不愿意考试。有一次，年级组织作文比赛，90分钟时间，他连自己的名字在内一共写了不到10个字。老师们都很着急。

针对这样的情况，班主任该采用什么方法让他改变懒惰的毛病呢？

班主任费尽了心思，最后想：既然劝服他不听，就让他尝尝懒惰的后果吧。第二天，班主任就让他将不想学、不愿学的学科课本、作业本全部送到办公室，并告诉他，反正他也不想学习，就把作业都扔了吧，老师也不想管他了。什么时候真正想学习，再到老师那里领取课本和作业本。

小力一连三天上课没有课本，课后也不用做作业。他玩得挺开心，觉得很自由。可是渐渐的，他感到不习惯了。老师上课看都不看他一眼，也不再特意叮嘱他做作业了，小组长也不来他这儿收作业，就好像没有这个同学存在一样。他感觉到，他已经被班集体冷落了，而这一切都是因为自己的懒惰，因为自己不愿意像其他同学一样履行该完成的任务，拖了班级的后腿。一周后的早上，他悄悄来到办公室，红着脸对班主任说："老师，我想拿回我的课本。"班主任故意疑惑地问："为什么要拿回课本呢？你不是玩得很开心吗？"他不好意思地说："这几天，别的同学都在学习，我整天没事干，好像不是这个班的学生一样。我觉得一点儿意思都没有。老师，把书还给我吧！"班主任看他说得挺认真的，就对他说："书拿回去可以，老师很高兴你愿意回来。但说话要算数，必须认真学习才行。"自那天以后，他真的慢慢改变过去不做作业的坏习惯了。

在学生懒惰的情况下，班主任如果直接逼学生学，学生反倒会逆反。"要我学我偏不想学"，很难体会自己懒惰的错误性。

如果班主任采用某种方式使学生认识到：懒惰会让人鄙视，懒惰会使人脱离集体、失去别人的关心……总之懒惰本身就是错误的。学生认识到后果以后，很可能会转变观念，从不情愿的"要我学"自觉变为"我要学"。

（三）创设体验环境

当学生有了错误行为以后，让他们体会到损失，以此告诫他们改正。

【案例】

最近一段时间，电视里热播武打片。学生经常在课间模仿其中的动作，变得十分好斗，毁坏桌椅的事时有发生。按照常规，学生损坏学校公共财物要照价赔偿。可每次都是这个同学刚交了赔偿金，另一个同学又把桌椅毁坏了。这让班主任十分头痛。

怎么让学生真正认识到砸坏桌椅这件事情是不对的呢？班主任改用另一种办法：凡是学生损坏学校公物，如桌椅之类的，在力所能及的情况下，一律由他本人亲自动手修理。班主任说："不要你赔钱。把椅子带回去，自己想办法把它修理好后再送来。"当然，班主任补充说，如果自己不会修，可以请家长或木工师傅教。一名学生事后在日记中写道："我知道了做一件东西的难处。桌椅确实来之不易。以后，我要好好地爱护公物。"

只有让学生亲身体验，得出的结论才是最深刻、最容易被接受的。就拿修椅子来说，通过让学生自己承受砸坏桌椅的后果，使他们明白：首先，破坏集体财产，损失的必然是自己的利益，因为自己就是集体中的一分子；其次，任何人都必须为自己的行为负责，这不只是钱的问题，更重要的是责任的问题。这样的惩罚能对学生的思想成长产生有益影响。

四、采用"审美法"进行道德教育

审美化德育是一种有目的、有计划的教育策略，它对一个人的潜能开发起着导向作用和促进作用。审美化德育的特点是重在熏陶，在审美的愉悦中接受教育，其核心是让学生创造和体验价值美。班主任要以自己独特的审美境界，对道德教育的过程进行审美化的改造，充分运用艺术手段，以美的形式呈现，吸引学生，使学生在欣赏中接纳，在愉悦中得到人生智慧。

【案例】

秋天来了，苹果上市了。教室里吃苹果的同学逐渐多了起来。可是，班主任发现，垃圾桶里总有学生吃剩下的半个苹果。班主任给同学们提要求，要他们珍惜食物，把苹果吃完，但是好多同学却不以为然地说："我们家还有好多呢，扔这些没什么。"

怎么处理这件事呢？给学生讲讲艰苦奋斗、勤俭节约，只怕收效甚微；制订班规，违者扣分，执行难度太大，也不合情理。

正好，学校里开展"趣味性班会活动"，班主任决定把这次班会主题定为"苹果"，希望让美的力量来感染学生的心灵和情感。但是，审美在道德教育中到底可以起多大作用呢？班主任决定尝试一下。

班会课上，班主任把几个苹果悄悄地带到了教室，说："同学们，今天的趣味班会课，我们来做个游戏。谁愿意上台来配合老师？"一听说做游戏，教室里一下子就热闹起来。学生们纷纷举手，班主任选了一名男生和一名女生。上台后，给他们蒙上眼睛，递给他们一人一个苹果："请你们猜猜，这是什么？"这两位同学用手摸苹果，几乎同时说："是苹果吧？"班主任笑着问：

"你们确定吗？"女生闻了闻苹果。两人都说："我确定。"班主任很严肃地说："你们错了。这是一种新培育出来的水果品种，是苹果和梨子的杂交品种，叫苹果梨。"男生扯下眼罩，看看苹果，又疑惑地看着班主任。可是女生却突然拿起苹果咬一口，偏着头，嚼了一会儿，大声说道："老师骗人，这明明就是苹果。"

这两位同学的神态把大家惹笑了。同学们一边大笑，一边鼓掌。班主任问："大家为谁鼓掌？"大家说："为他们。""为什么？""因为他们不盲从，不盲目相信老师所说的话。"班主任又笑着问女生："你刚刚想到过吗，这个苹果可能没洗，还可能有虫。"女生不好意思地笑了："我没顾得上想这些。"班主任笑着说："是啊，强烈的求知欲望促使你勇敢地咬下这一口。不过你放心，这个苹果是洗了的，而且，应该是没有虫的。"女生不服气地说："我没想到老师会骗人。"

大家又笑起来。班主任说："是吗？那我再问你。如果你没有戴上眼罩，你会不会这么轻易地相信老师的话？"男生犹豫了一会，说："我想不会吧。"班主任说："请同学们来点评一下吧。"一名学生说："不要盲目相信别人，哪怕是自己的老师。""要有强烈的求知欲望，要勇敢。"也有学生说："我们不仅要学会看，还要综合运用自己的感觉器官。""我觉得，我们平时很依赖双眼去看。但是，上帝还赐予了我们十分丰富细腻的触觉、嗅觉、味觉。今天，这个小小的游戏让我们明白了一些道理。""嗯，老师建议，大家闭上眼睛，想象一下苹果的颜色、香味和味道吧！"学生们边闭眼睛边夸张地喊道："好酸！""好香！""要流口水了！"教室里笑声一片。

"其实，一个苹果能让我们明白的道理还远不止这些。今天，我再请大家欣赏几幅画片，感受一下人们对这种水果的理解，看看苹果还能够给我们带来一些什么样的启示。"

在优美的音乐中，班主任将精心收集的数十幅有苹果形象的图片展现在同学们的面前。这些图片中，有沾着露水的新鲜苹果的照片，有西洋名画，有卡通风格的图片，还有著名的美国苹果公司的商标。学生们一边看，一边感叹："真好吃！""真馋人！""真美！"

图片欣赏完了，班主任问："怎么样？大家谈谈感受吧！"学生说："苹果真美！""看到这些图片，我就联想起了这样一些名词，比如幸福、美好、对生活的爱。"班主任不禁感叹，学生们对美的感受，已经超越了一般的物质性感受了。班主任说："看来，在人们心目中，苹果已不仅仅是一种水果了，它还寄托了人们对生活的理解。好了，那么老师做一个假设，如果我们用苹果象征人生，你愿意做什么样的苹果？可以讨论一下。"

有学生说："我愿意做那个完整的苹果。完整就是圆满，我希望有一个完美的人生。"有的说："我想做那个被咬了一口的苹果，我觉得人生不可能是完美的，残缺也是一种美，像断臂维纳斯一样。"有的说："我也愿意做完美的，我还希望所有的苹果都完美。"也有的说："我看到一个故事里说，每个人来到世上之前，都是上帝手中的一个苹果。苹果越可爱，上帝就越是要狠狠地咬上几口。所以这些人来到世上，就比别人多一些缺陷，多一些磨难，所以我也愿意做这种苹果。"同学们精彩的发言引起了一阵阵热烈的掌声，更多的同学似乎陷入了一种沉思。是呀，一个小小的苹果，竟然可以引发这么多的联想，可以引入这么严肃的话题。甚至有同学说："现在，我觉得这个平时吃在嘴里的苹果，味道似乎不一样了。"

班会课要结束了，班主任请同学们到前面来，在黑板上自由自在地描画心目中的苹果形象。同学们拿着彩色粉笔，一边描画，一边说笑。有些挤不上台的，在外面急得直转圈儿。不一会儿，黑板上就布满了五颜六色、造型各异的可爱的苹果。从头至尾，班主任没提过垃圾桶里的苹果。班会课后，她留心观察了一下，发现垃圾桶里少了很多只吃一半的苹果。

运用情感和美的力量进行教育，不是一下子就能奏效的，但是，在我们的道德教育中，多注重这两种力量的参与，道德的力量将更深远，更长久，也更坚固。

该案例给我们一些启示。

（一）审美化的德育情境

审美和情境性的课程很容易将学生的学习推进到所有的生活领域，为学生在更广阔的时空中进行道德学习创造了有利条件。所谓"审美化"，一是班主任应当发掘教育内容上的审美因素，即应当精选道德智慧的成果，充分展示人类道德文明的智慧之光。二是班主任在道德教育内容的呈现形式上应当努力做到形象、生动、审美化。

审美是一种高级且复杂的心理活动。审美活动的进行有赖于表象、联想、想象、情感等心理因素共同参与，审美心理过程一般经历感知、感受、感动三个阶段。要想使课堂教育审美化取得预期效果，必须针对审美教育的特点和规律来设计教学活动，构建审美化课堂教学模式。

（二）班主任可以和学生一起欣赏审美化的课程内容

采用"审美法"进行道德教育时，班主任必须是道德风景的设置者和导游。当班主任完成了风景的设计、导游的任务之后，还要以自己对道德智慧的欣赏来刺激、启发和带动学生的德育"欣赏"活动。

（三）班主任要引导学生在"欣赏"中培养价值选择能力和创造力

班主任要鼓励和引导学生对于道德智慧的欣赏，应当努力让学生形成自己对自己的欣赏。总之，审美化德育的全过程都应当是学生自主"欣赏"的过程，一个尊重并发挥教育对象主体性的过程。

班主任可以通过让学生自学探索、合作讨论等方法充分发挥学生的主体作用感受美；课堂的点拨引导、启发体验要充分发挥班主任的指导作用，动员学生多种心理因素共同参与，加深对美的理解，从而内化自己的情感、能力，发挥出自己多方面的潜能。德育审美化，是将美育融入德育之中，融入教育的全过程之中。这不单纯追求技能技巧，而重在情操的陶冶，素养的提高；不靠说教灌输，而重在渗透，注意综合，完成对学生价值选择能力和创造力的培养。

五、运用"同喻文化"来改变学生

孩子在成长过程中，受前喻文化、同喻文化和后喻文化三种文化的影响。前喻文化主要指前辈传递给孩子的经验和知识；同喻文化主要指来自孩子们同辈的经验和价值观。在学校教育中，教师们一般重视自身对学生的言传身教，这是运用前喻文化来改变学生。但是由于教师和学生在某些方面总会存在一些代沟，因此学生对前喻文化并不总是接受的。当教师的评价和教育受到学生的抵制时，可以尝试运用同喻文化来对待学生，即让学生教育学生，让学生在自己的同辈群体中受到教育。

（一）让学生在优秀同伴群体的影响下转变

孩子容易受到同伴的影响，所以可以让学生在自己的同辈群体中受到教育。青少年的显著特点是不甘落后、争强好胜，那么，"比、学、赶、帮、超"这样激动人心的口号往往在青少年群体内喊得最响亮，激励的效果也最明显。

只有学生对同喻文化的权威性给以充分的认同时，同喻文化才会产生激励的效果。这就需要班主任建立健全班级管理体制，培养合格的班级管理人才，展现班干部的才干和人格魅力。榜样是根据人们善于模仿的心理特点而树立起来的一面旗帜。它比说服教育更具说服力和号召力，更容易引起学生在感情上的共鸣，它能给学生以鼓舞、教育、鞭策，能激起学生模仿和追赶的愿望。正所谓"榜样的力量是无穷的"。

因此，必须施以榜样的激励，才会真正扬起班级奋进之帆。树立榜样的过程，也是弘扬班级正气的过程。因此，要扬声势，造气氛，诸如召开专门会议介绍优秀者的先进事迹，分析其成长的原因，号召同学们向先进者看齐；以较隆重的仪式，表彰先进。如此既鼓励了先进者，又激励了后进者，不失为一种树立榜样、弘扬正气的好办法。

（二）树立良好的班风，使学生受到良好的熏陶

一旦班级形成良好的行为理念，对班级成员的内涵与外延提出了具体的要求，学生们就会学有所循，行有所依。这具有强大的心理凝聚和行为激励作用，有助于强化团队精神，有助于形成自我约束和相互监督的氛围。

心理学研究表明，人们都希望自己能置身于优秀组织里，能成为这个组织中的优秀分子。实践证明，编创富有激励色彩的班级理念，是促使同学进步的重要动力之一。

一个先进班集体是通过两个方面影响集体成员诸品德因素发展的。一方面，先进班集体促使大部分正常学生形成良好品德；

另一方面，先进班集体能改造品德不良的学生。与其费尽心力，一个一个地去教育，何不先着眼于班级的整体建设，"以班育人"，形成良性循环呢？

参考文献

［1］李柏黍，岑国桢．道德发展与德育模式［M］．上海：华东师范大学出版社，1999．

［2］蒋建华．让德育成为最美丽的风景——与檀传宝教授谈"欣赏型德育模式的建构"［N］．中国教育报，2002-08-03．

［3］魏勇．报喜瞒忧［J］．教师之友，2004（8）．

［4］刘源源．论中小学师生冲突［J］．基础教育：重庆，2004（12）．

［5］丁静．关于师生冲突中教师行为的案例研究［J］．教育研究，2004（5）．

［6］孙英学．当学生在课堂上睡觉时［N］．中国教师报，2003．

［7］张建权，陈云．当家长提出不合理要求［J］．班主任之友，2005（6）．

［8］李海霞．班主任的谈话技巧［J］．黑河教育，2012（3）．

［9］贺俊杰．班主任与学生单独谈话技巧之我见［J］．新课程教学（电子版），2016（12）．

［10］贾丽丽．班主任的职业道德［J］．中国市场，2017（4）．

［11］韦翠梅．班主任的工作艺术——细节管理［A］．2018年"教育教学创新研究"高峰论坛论文集［C］，2018．